**Bibliografische Information
der Deutschen Bibliothek**
Die Deutsche Bibliothek verzeichnet diese
Publikation in der Deutschen Nationalbibliografie;
detaillierte bibliografische Daten sind im Internet abrufbar
über: http://dnb.ddb.de

ISBN: 978 3 732 28983 7

Alle Rechte vorbehalten.

© 2013 by Angela Weiser

© 2013 by BoD Verlag, Norderstedt

Umschlaggestaltung: Justine Broihan, Hannover

Titelgrafik: Alicja Krzak, Wolfenbüttel

Grafik „Labyrinth": Kornelia Harbig-Broihan, Wolfenbüttel

2. Auflage 2014

Druck und Verarbeitung: Books on Demand

Schicksalsfäden

faszinierende Erkenntnisse verändern dein Leben

Angela Weiser

Inhalt

Vorwort — 7

1. Vergangene Leben — 10
2.. Die Macht der Gedanken — 15

Familie
3. Ablehnung und Disharmonie — 24
4. Bruderzwist — 39

Beruf
5. Wir haben eine Wahl — 50
6. Die Jagd nach dem Erfolg — 64
7. Mangelnde Fülle — 78
8. Ungerechte Behandlung — 90

Partnerschaft
9. Liebe und Beziehung — 100
10. Hassliebe — 105
11. Unerfüllte Liebessehnsucht — 117
12. Seelenpartner — 130

Gesundheit
13. Krankheit als Hilferuf der Seele — 150
14. Schuldgefühle und Schmerz — 153
15. Ablehnung und Allergien — 160
16. Angststörung – Phobie — 166

Schlusswort — 174

Vorwort

Wer möchte das nicht?
Ein Leben in Gesundheit, Fülle, Freude und Zufriedenheit.
Dem vermeintlich unvorhersehbaren Schicksal nicht hilflos ausgeliefert sein, sondern das Buch des Lebens nach eigenen Vorstellungen schreiben.

Sicherlich, das Schicksal gibt uns vor, wo und wann wir geboren werden. Das Leben konfrontiert uns auch mit schicksalhaften Begegnungen, denen wir uns nicht entziehen können, aber das Schreiben des übrigen Drehbuchs ist uns selbst überlassen. Jeder ist, meist unwissend, für das Verfassen seiner eigenen Geschichte zuständig.

Wenn wir akzeptieren oder auch nur für möglich halten, dass wir neben unserem jetzigen auch bereits viele vorangegangene Leben hatten, dann wird uns auf einmal klar, warum die Geschichte dieses Lebens so oft von unserer eigentlichen Vorstellung abweicht.
Sämtliche Erfahrungen und Erinnerungen, die irgendwo in unserem Unterbewusstsein, unserem großen Zentralcomputer aus früheren Leben gespeichert sind, beeinflussen in starkem Maße unbewusst auch unser heutiges Leben.

Ein kosmisches Prinzip ist das Gesetz von Ursache und Wirkung, das Gesetz der Resonanz. Wenn wir in der Lage sind, diese in unserem Alltagsleben zu erkennen und bewusst anzuwenden, dann können wir unser Drehbuch tatsächlich selbst gestalten und auch jederzeit umschreiben.

Anhand authentischer Rückführungen in vergangene Leben werden in diesem Buch einige sehr aufschlussreiche, spannende und manchmal äußerst ungewöhnlich klingende Geschichten erzählt. Sie liefern plötzlich eine sehr logische Erklärung für die vermeintlich negativen Entwicklungen eines Menschen in seinem jetzigen Leben.
Wiederholt auftretende negative Erfahrungen, Konflikte, Blockaden und daraus entstehende Krankheiten können durch die Erkenntnis und das Aufspüren der allerersten Ursache dauerhaft gelöst werden.

Es reicht nicht aus, in unserer Jugend, in der Prägung durch unser Elternhaus Ursachen für negative Entwicklungen in unserer Persönlichkeit und unserem Umfeld zu suchen.
Genau diese kindlichen Erfahrungen und Prägungen sind sehr oft nur eine Fortsetzung der Erfahrungen vergangener Leben.

Zur Verdeutlichung und zum Verständnis dieser erstaunlichen Verknüpfungen wird dieses Buch einige Beispiele zu den wichtigsten Themen unseres Daseins aufzeigen und zwar für den Bereich:

Familie – Beruf – Partnerschaft – Gesundheit

Die Namen aller Beteiligten, die Orte des Geschehens und weitere Details in den nachfolgenden Fallbeispielen sind so verändert, dass keinerlei Rückschlüsse auf die wahre Identität einzelner Personen oder Personenkreise gezogen werden können. Die Anonymität der Klienten ist ein vordringliches Gebot dieser Veröffentlichung.

1. Vergangene Leben

Sicherlich wird der eine oder andere sich fragen, ob diese Geschichten sich tatsächlich so ereignet haben können, oder ob der Wunsch nach Heilung negativer Umstände in unserem Leben die Phantasie beflügelt und uns derartige Dramen einfach frei erfinden lässt.

Fest steht jedenfalls, dass in allen Fällen der von mir geschilderten Begebenheiten eines früheren Lebens viele überdeutliche Parallelen auch in diesem Leben der Klienten festzustellen waren.
Seelenfamilien, Seelenpartner und Seelengefährten scheinen immer wieder zueinander zu finden, wobei die Orte der verschiedenen Inkarnationen sich über alle Kontinente erstrecken.
Dabei werden die Identitäten von männlich und weiblich vertauscht, und nicht selten stellte sich im Nachhinein heraus, dass die Klienten im Fall einer besonders traumatischen Erfahrung in einer früheren Inkarnation auch in diesem Leben irgendwann bereits einen deutlichen Berührungspunkt mit jenem Ort und einer ähnlichen Situation hatten.

Insbesondere Kinder liefern uns immer wieder Beweise für diese Tatsache, da ihre Kanäle noch wesentlich durchgängiger sind und sie nicht versuchen, solche Informationen als „esoterischen Unfug" zu bewerten und abzutun.
Einen solchen Beweis lieferte ein kleiner Junge aus meiner Praxis im Alter von nur sechs Jahren.
Wie viele Kinder liebt er besonders alle möglichen Ritterspiele, und aus diesem Grund nahmen ihn

seine Eltern mit zu einem großen Mittelalter-Markt. Wer schon einmal einen solchen Markt besucht hat, der weiß, dass einen die Kulisse, die Kleidung und das dort demonstrierte Handwerk der Menschen tatsächlich viele hundert Jahre in der Zeit zurückversetzen kann.

Es gab auf diesem Markt einen Stand, an dem Pfeile und Bögen hergestellt wurden, und diese konnten von den Besuchern auch ausprobiert werden. Für die Kinder gab es kleinere Bögen und das Ziel, das mit dem Pfeil zu treffen war, lag nicht so weit entfernt wie für die Erwachsenen. Ein sehr freundlicher „Mann des Mittelalters" wandte sich an die Kinder und bot ihnen an, die Handhabung von Pfeil und Bogen zu erklären.

Anschließend konnten sie probieren, ein bestimmtes Ziel zu treffen. Der Hintergrund war abgesichert, und viele Kinder hatten ihren Spaß bei den Versuchen, sich mit Pfeil und Bogen auszuprobieren.

Kaum ein Kind war in der Lage, die Zielscheibe überhaupt zu treffen, aber das Schießen bereitete ihnen offensichtlich große Freude.

Der Bogenschütze fragte auch den kleinen Torben, ob er es einmal versuchen wolle, woraufhin er im Brustton seiner Überzeugung wissen ließ, dass man ihm die Handhabung nicht zeigen müsse, weil er sich damit auskenne.

Torbens Eltern waren ziemlich überrascht, da er ihres Wissens noch nie Pfeil und Bogen in der Hand gehalten hatte, aber er beharrte auf seiner Aussage.

Der nette Mann schmunzelte und meinte, dann könne er ja direkt versuchen, das Ziel zu treffen. Das fand bei Torben große Zustimmung, und ob-

wohl selbst der Kinderbogen für ihn eigentlich noch viel zu groß schien, nahm er diesen äußerst geschickt in die perfekte Position.
Der sechsjährige Torben veränderte seine Körperhaltung und nahm eine Abschussposition ein, die die Demonstration des mittelalterlichen Bogenschützen an Eleganz bei weitem übertraf. Dann feuerte er den Pfeil nicht nur auf die Zielscheibe, sondern mitten ins Schwarze.
Alle umstehenden Personen staunten nicht schlecht und seine Eltern fragten ihn, woher er das könne. Darauf antwortete Torben völlig ungerührt: „Das hab ich euch doch schon so oft erzählt. Ich war in meinem letzten Leben ein berühmter Bogenschütze."
Nachdem auch der freundliche Mann im Mittelalterkostüm seine Fassung wiedererlangt hatte, fragte er Torben, ob er das noch einmal wiederholen könne. Der freute sich über die Aufmerksamkeit und Bewunderung der Umstehenden und platzierte den Pfeil dreimal hintereinander mitten ins „Schwarze".

Bei seiner höflichen Verabschiedung hinterließ er eine Menge fragende und ungläubig wirkende Gesichter mit der Bemerkung: „Und in meinem letzten Leben habe ich auch ganz oft mit brennenden Pfeilen geschossen. Die sind viel weiter geflogen!"
Was dort gerade passiert war, hat wahrscheinlich eben jene Besucher ziemlich schockiert, die die Möglichkeit früherer Leben und den Begriff „Reinkarnation" bisher immer ins Lächerliche gezogen hatten. In jedem Fall gab es für den „Auftritt" des kleinen Jungen keinerlei Erklärung, es sei

denn, es handelte sich um ein abgesprochenes Spiel. Wenigstens die Eltern und auch der mittelalterliche Bogenschütze wussten, dass dies nicht der Fall war.

Es gibt eine Vielzahl solcher und ähnlicher realer Vorkommnisse, und für mich sind solche Begebenheiten Beweis genug.
Eine weitere Bestätigung ergibt sich für mich aus der Tatsache, dass negative Umstände des Lebens und Krankheiten plötzlich wie durch Zauberhand verschwinden, wenn man ihre Ursache in einem früheren Leben entdeckt und entsprechend gelöst hat.

Eine ganz wichtige Botschaft müssen wir uns demzufolge aus diesem Wissen zu eigen machen: Egal, was wir denken, was wir tun, wir setzen damit das Gesetz von Ursache und Wirkung, das Gesetz der Resonanz, in Kraft. Bei genügender Achtsamkeit können wir es vielleicht schaffen, bereits in diesem Leben stets liebevoll und positiv zu denken, zu sprechen und zu handeln. Das Negative wie das Positive scheinen auf uns zurückzufallen, und wenn nicht in diesem, dann jedoch in einem unserer nächsten Leben. Wenn wir alle bemüht wären, stets vollkommen ehrlich, gerecht, mitfühlend, respektvoll, sensibel, freundlich und mit Herzenswärme zu agieren, dann würden wir nicht nur in einer besseren Welt leben, wir könnten auch viele traumatische Erfahrungen und Blockaden in unserer Seele verhindern.

Alles in diesem Universum besteht aus Energie, und keine Erfahrung, kein Gedanke, keine Tat gehen jemals verloren. All diese Energien werden irgendwo gespeichert, und sie tragen dazu bei, unser aller Zukunft zu entwerfen.

Wir alle wünschen uns eine bessere Zukunft, aber sie fällt uns nicht einfach in den Schoß. Jeder ist aufgefordert, daran mitzuwirken, und wenn wir ein wenig mehr über die Zusammenhänge des Lebens und die Entstehung von Karma verstehen, dann werden wir nach und nach unsere Probleme heilen können.

Unsere eigenen und die globalen!

2. Die Macht der Gedanken und Gefühle

Für die meisten von Ihnen wird der Hinweis nicht neu sein, dass wir SELBST Schöpfer unserer eigenen Realität sind. Es gibt eine Vielzahl von guten Büchern und Filmen, die diese Tatsache nicht nur treffend und verständlich darstellen, sondern meines Erachtens auch weitestgehend verstehen, dies zu beweisen.

Wenn nun unser Schicksal, die Erfahrungen unseres Lebens tatsächlich einem Gesetz von Ursache und Wirkung, dem Gesetz der Resonanz unterworfen sind, wenn wir selbst unsere eigene Realität erschaffen, warum läuft dann trotzdem so vieles schief auf unserem Weg? Die meisten von uns haben doch eine recht klare Vorstellung von dem, was sie wollen, und von dem, was sie nicht wollen.
Unverständlicherweise taucht aber leider in unserem Leben sehr oft gerade das auf, was wir nicht wollen.
Es gibt immer wieder Zeiten, in denen wir uns dem Schicksal einfach hilflos ausgeliefert fühlen.
Es sind unsere Gedanken und unsere Gefühle, die dem Prinzip von Ursache und Wirkung folgen und die das Gesetz der Resonanz in Gang bringen.

Wenn wir selbst nun durch dieses Gesetz der Resonanz unsere sogenannte Realität erschaffen, dann tun das alle anderen denkenden und fühlenden Wesen um uns herum natürlich auch. Wir müssen uns doch nur in unserer Welt umschauen. In einem festgefahrenen Kreislauf von Mangelden-

ken spiegelt sich in unserer Realität genau die Erfahrung des Mangels wieder.
Eigentlich ist doch alles, was wir jemals benötigt haben und jemals benötigen werden, auf dieser Erde vorhanden. Warum aber steht diese Fülle nur einigen wenigen zur Verfügung? Sind diese wenigen wirklich privilegierter, besser oder fleißiger als andere? Ganz sicher nicht.

Wie kommt es dann, dass große Teile der Bevölkerung noch immer mit Versorgungsnöten, Bildungsmangel, Arbeitslosigkeit, einem Mangel an gesundheitlicher Versorgung, dem Mangel an materieller Fülle leben müssen?
Es hat mit unseren Erfahrungen aus diesem und vor allem aus früheren Leben und den daraus resultierenden Gedanken und Gefühlen zu tun. Wer tausende von Jahren und etliche Inkarnationen immer wieder in Armut gelebt hat, der kann sich irgendwann nicht mehr vorstellen, aus diesem Kreislauf irgendwie herauszukommen.

Das Gefühl von Hilflosigkeit und Hoffnungslosigkeit erzeugt ANGST, und diese starke Energie zieht immer wieder genau das in unser Leben, was wir nicht wollen.

Energien können nicht verloren gehen. Unsere Gedanken und Gefühle sind ausgesprochen starke Energien, und sie werden, wie auf der Festplatte eines Computers, in unserer Seele, unserem Unterbewusstsein fortwährend gespeichert. Wenn wir für möglich halten, dass diese Seelenenergie nach unserem Tod auf ein neues Leben übertragen wird,

dann kommen die meisten von uns bereits mit einem Mangeldenken auf diese Welt.
Warum sollte nun die Angst sämtliche negativen Erfahrungen anziehen? Ganz einfach. Wir lenken unsere Aufmerksamkeit wieder und wieder auf die Dinge, die wir fürchten. Je größer unsere Angst ist, desto mehr Energie fließt genau zu diesen Situationen, vor denen wir uns fürchten.

Wer kennt das nicht? Ohne besondere Übung müssen wir vor einer größeren Gruppe eine möglichst ansprechende Rede halten.
Diesbezüglich haben wir schon eine schlechte Erfahrung hinter uns. Wir hatten den Faden verloren und uns vermeintlich mächtig blamiert, was noch besonders durch unsere auffällige Gesichtsröte unterstrichen wurde.
Wir haben Angst, dass diese peinliche Situation wieder passieren könnte, versuchen die Angst zu verdrängen, und probieren es mit Selbstsuggestion:

Das Steckenbleiben und Stocken passiert nicht wieder. Ich blamiere mich nicht noch einmal. Ich werde nicht schon wieder rot im Gesicht.

Je näher die Rede rückt, desto größer wird die Angst. Es braucht keine große Vorstellungskraft, wie unsere Rede dann tatsächlich ablaufen wird.
In Ordnung, werden Sie sagen. Das weiß doch inzwischen fast jedes Kind. Ich benutze mentales Training und programmiere mich mit positiven Vorstellungen:

In meiner Rede formuliere ich elegant und fließend. Ich bin selbstbewusst und komme bei den Zuhörern sehr gut an.

Diese Selbstprogrammierung wird allerdings nur dann funktionieren, wenn Sie wirklich davon überzeugt sind, dass dies auch möglich ist.
Sollten in Ihrem Unterbewusstsein jedoch Gedanken existieren wie beispielsweise:

- eigentlich bin ich nicht kompetent genug für diese Rede

- ich war schon immer viel zu schüchtern

- ich habe mich schon so oft blamiert

- ich fühle mich unsicher, ich verspüre einen Kloß im Hals, wenn ich nur an diese Rede denke.

Wenn dies Ihre unbewussten Gedanken und Gefühle sind, dann wird das mentale Training mit den positiven Programmierungen keinen durchschlagenden Erfolg zeigen.
Unglücklicherweise sind uns sehr viele unserer Gedanken, Gefühle und Glaubensmuster überhaupt nicht bewusst. Wir glauben, Entscheidungen mit unserem Bewusstsein zu treffen, obwohl unser Unterbewusstsein völlig unbemerkt längst die Richtung vorgegeben hat.
Aus diesem Grund funktionieren die Anleitungen vieler Bücher – Wie wünsche ich richtig? – Wie manifestiere ich meine Wünsche? – nur bedingt. Wenn zwischen dem Wunsch und der Umsetzung

ein falscher oder einengender, unbewusster Glaubenssatz, eine Blockade im Unterbewusstsein besteht, dann werden wir unseren Wunsch nicht in unser Leben ziehen können.
Jede Angst, jeder Zweifel, jede Sorge werden immer weiter nur Negatives anziehen, während Vertrauen, Zuversicht und Gewissheit genau das bringen, was unser Leben wirklich mit Glück, Freude und Zufriedenheit erfüllt.
Wenn wir lernen, zu erkennen und zu verstehen, warum überhaupt diese negativen Gedanken und Gefühle in unserem Unterbewusstsein programmiert sind, dann haben wir auch eine Chance, sie endgültig zu entlassen.
Der allererste und allerwichtigste Schritt besteht jedoch darin, vollkommen ehrlich und neutral sein eigenes Leben zu betrachten.

Ist mein Leben tatsächlich durch Glück, Freude und Zufriedenheit gekennzeichnet? Ist mir bewusst, dass eine gewisse Zufriedenheit immer noch durch das Gefühl von tief empfundener Freude und dem Gefühl des Glücklichseins gesteigert werden kann? Habe ich diese Gefühle überhaupt jemals kennen gelernt? Oder bewegt sich mein Leben ohne große Höhen und Tiefen auf einem eher gleichmäßigen, eintönigen und teilweise langweiligen Level?
Wir sollten wirklich gründlich, gewissenhaft und vollkommen ehrlich diese Bestandsaufnahme unseres Lebens einmal schriftlich zu Papier bringen.

Wie lebe ich überhaupt? Ist es wirklich ein Leben nach meinen eigenen Vorstellungen? Oder ist es durch äußere Einflüsse bzw. Beeinflussung ande-

rer, vermeintlich wohlmeinender Menschen eventuell manipuliert oder angepasst?
Bin ich wirklich glücklich in meinem Beruf, in meiner Beziehung, meinem Freundeskreis, der Gestaltung meiner Freizeit?
Oftmals sind wir auch hier in ganz gefährlichen Glaubenssätzen gefangen:

Das wirkliche Leben ist nun mal „kein Ponyhof". Wir müssen zufrieden sein mit dem, was das Leben uns gerade bietet. Für keinen läuft alles perfekt, und es ist auch sehr nützlich zu lernen, mit Schwierigkeiten und leidvollen Erfahrungen umzugehen. Nur an diesen Herausforderungen können wir wirklich wachsen.

Stimmt. Aber mit diesen Glaubenssätzen bleiben wir für den Rest dieses und für die Zeit etlicher noch folgender Leben in genau diesem Hamsterrad gefangen.
Haben wir nicht die Wahl irgendwann zu entscheiden „es ist genug"?

Wir haben uns an so vielen leidvollen Erfahrungen weiterentwickelt, dass wir es jetzt doch endlich einmal verdient hätten, alles, wirklich alles in unserem Leben in eine positive Richtung zu lenken.
Wem das zu unglaubwürdig erscheint, kein Problem, der behält seine alten Glaubensmuster einfach bei.
Wer aber der Meinung ist, es sei zumindest einen Versuch wert, seinem eigenen Leben eine ganz neue Richtung zu geben, wer neugierig ist auf das Gefühl von vielen freudvollen und glücklichen Er-

fahrungen, der sollte sich dieser Bestandsaufnahme seines Lebens dringend unterziehen.

Was wir aufschreiben, ist für uns deutlicher, hat mehr Gewicht, ist jederzeit abrufbar. Bloße Gedankengänge verschwinden allzu schnell wieder oder nehmen eine andere Richtung ein.
Sollten wir nach dieser ganz ehrlichen Bestandsaufnahme entdecken, dass wir mit vielen Situationen unseres Lebens eigentlich nicht einverstanden sind, dass sie uns belasten oder traurig machen, dann wird es allerhöchste Zeit, sein Schicksal selbst in die Hand zu nehmen.

Wir treffen die Wahl, und die Entscheidung liegt bei uns.

Nur wir selbst können etwas verändern, das wird kein anderer für uns tun. Wenn wir etwas gravierend ändern wollen, dann ist es absolut wichtig, was wir in dieser Angelegenheit denken oder fühlen.
Unsere Gedanken und Gefühle sind der Spiegel, den unser Leben uns vorhält, und wenn sich unser Leben verändern soll, dann müssen wir als erstes unsere Gedanken und Gefühle verändern.
Wenn wir aber die Gedanken und Gefühle verändern wollen, dann wird dies nur gelingen über die Kenntnis der Ursache für unsere Denkweise und Gefühlslage.

Diese Begründung entzieht sich jedoch sehr häufig unserem Bewusstsein, da sie ihren Anfang eben nicht in diesem Leben genommen hat. Die unbe-

wusste negative Erinnerung oder Schlussfolgerung unserer Gedanken und Gefühle als Resonanz auf unser Schicksal vergangener Leben stellt für jede gravierende Veränderung eine gewaltige Blockade dar.
Darum ist es existenziell wichtig, diese Blockierungen herauszufinden und zu lösen, wenn wir trotz aller Versuche in Richtung einer positiven Veränderung nicht weiterkommen. Wenn wir aus scheinbar unerfindlichen Gründen wieder und wieder scheitern. Wenn sich unsere negativen Erfahrungen wie in einer Endlosschleife ständig und stetig wiederholen.

Um hier die Chance auf Abhilfe zu schaffen, orientiert sich dieses Buch an einigen Beispielen aus dem Alltagsgeschehen, wie es jeder kennt. Die Auflösung der Konflikte durch die Erkenntnis der Zusammenhänge aus früheren Leben ist sehr individuell, spannend, meistens absolut erstaunlich und in keiner Weise vorhersehbar.

Wann immer wir uns also in einem alten negativen Muster gefangen fühlen, so hat es einen sehr spannenden Aspekt, die Ursache für dieses Muster zu erforschen.

Familie – Eltern – Geschwister

Familie

3. Ablehnung und Disharmonie

Die Familie begleitet uns in der Regel die längste Zeit auf unserem Lebensweg, wo hingegen unser Arbeitsplatz hin und wieder einem Wechsel unterworfen sein kann, ebenso wie die Pflege von Freundschaften, Beziehungen und Partnerschaften. Unsere Familie indes ist in den meisten Fällen vom ersten bis zum letzten Atemzug unseres Daseins präsent.

Sollte uns die Familie somit nicht eigentlich das Gefühl von Sicherheit, Geborgenheit und Verbundenheit vermitteln?

Heute wie früher gibt es jedoch nur wenige Schauplätze, an denen sich mehr Konflikte und Dramen abspielen als eben in der eigenen Familie. Streit und Disharmonie werden oftmals durch Unverständnis, Rechthaberei, mangelnden Respekt, Bevormundung und auch Ausnutzung verursacht. Dies sind häufig auftretende Konflikte, die sich durch genaue und ehrliche Betrachtungsweise, durch die Bereitschaft zur Einsicht in vielen Fällen deutlich entschärfen ließen.

Einige dieser Streitpunkte haben auch mit Verletzung zu tun, und die mangelnde Bereitschaft zur

Vergebung blockiert beide Seiten. Sie fühlen sich aus ihrer Sicht im Recht und schaffen es nicht, dem anderen die Hand zu reichen und ein vermeintliches Unrecht zu verzeihen. Vermutlich deshalb, weil sich jede Situation aus unterschiedlichen Richtungen betrachten lässt. Es gibt keine objektive Wahrheit. Sie liegt immer im Auge des Betrachters.

Das größte Problem liegt darin verborgen, dass wir uns nur sehr schwer auf die Sichtweise eines anderen Menschen einlassen können. Viele meinen, dann nicht mehr zu ihrer eigenen Wahrheit zu stehen. Aber es ist sehr wohl möglich, beide Perspektiven in Betracht zu ziehen. Wenn wir ohne jede Wertung versuchen uns anderen Betrachtungsweisen zu öffnen, dann heißt das noch lange nicht, dass wir damit unsere eigene Meinung aufgeben müssen.
Dies ist eines der größten Missverständnisse im zwischenmenschlichen Bereich überhaupt. Wir empfinden es als unsere Pflicht, meinen es gut und fühlen uns ermächtigt, unseren Mitmenschen die eigene Sichtweise aufzudrängen. Wir diskutieren so lange, bis der andere endlich bereit ist, unsere vermeintliche Wahrheit anzunehmen. Tut er das nicht, reagieren wir mit Ablehnung, Zorn und Bestrafung. Diese Problematik kennen wir natürlich nicht nur aus unseren familiären Bindungen, sondern auch von unserem Arbeitsplatz, manchmal auch aus dem Freundeskreis.
Anders verhält es sich mit den sehr viel tiefgreifenderen Problemen, die mit Ablehnung, bis hin zum Hass, in einem ernsten Zerwürfnis enden.

Wenn engste Familienmitglieder den Kontakt zueinander vollständig abbrechen.
Eine solche Situation schadet allen Beteiligten und zieht unweigerlich Krankheit nach sich: eine Disharmonie in der Seele und damit auch über kurz oder lang die Erkrankung des Körpers.

Solche in den schlimmsten Fällen sogar hasserfüllten Zerwürfnisse, können ihren einzigen Ursprung in einer früheren karmischen Verbindung haben. Um den Begriff „Karma" rankt sich mittlerweile kein Geheimnis mehr. Er ist ein Hinweis für die ernstzunehmende und große Wahrscheinlichkeit, dass sich unsere Seele, unsere Individualität so lange in den unterschiedlichsten Verkörperungen wiederholt, bis sie all jene Erfahrungen gemacht hat, die ihrem Seelenplan entsprechen.
Der Begriff „Karma" enthält weiter das Gesetz von Ursache und Wirkung – ein kosmisches Prinzip, das in der gesamten Schöpfung zu beobachten ist. Es spiegelt auch das Gesetz der Resonanz wider, in dem Schöpfung, die Erschaffung der Realität, durch geistige Energie geschieht. Was wir denken, woran wir glauben, das spiegelt unsere Realität. Glaubens- und Denkmuster, die wir aus unseren früheren Leben mitbringen, wirken durch uns völlig unbemerkt aus unserem Unterbewusstsein heraus.
Diese Tatsache erschwert natürlich die Suche nach den möglichen Ursachen für negative Begleitumstände unseres jetzigen Lebens enorm. Meist beachten wir nicht einmal unsere bewussten Denkmuster, geschweige denn unsere unbewussten.

Als Beispiel für eine unverständliche, einseitig hasserfüllte Entzweiung zwischen zwei engsten Familienmitgliedern möchte ich folgenden Fall schildern:

Wir wenden uns einer vierköpfigen, von außen betrachtet ganz normalen Familie zu: die Eltern mit Namen Wolfgang und Kerstin, die beiden Töchter Isabelle und Cora.
Wolfgang und Kerstin sind 20 Jahre mehr oder minder glücklich verheiratet. Es gab die ganz normalen Krisen, einen Wechsel zwischen Auf und Ab in ihrer Beziehung, aber beide Seiten brachten und bringen ihrem Partner noch immer Liebe und Respekt entgegen.
Die beiden Töchter hatten dementsprechend eine glückliche, harmonische Kindheit. Das ganz große Problem zeigte sich in jenem Zeitraum, als Cora, die zwei Jahre ältere Schwester, in die Pubertät kam. Nun ist es vollkommen normal, dass dieser Lebensabschnitt immer eine schwierige Zeit in der Entwicklung jedes Kindes darstellt.

In unserem Fall gab es jedoch eine dramatische Wendung, die die normalen Begleiterscheinungen während der Pubertät bei weitem übertraf.

Obwohl der Vater stets bemüht war, seine Liebe und Zuwendung auf beide Töchter gleichmäßig zu verteilen, zeigte sich doch in der einen oder anderen Situation, dass ihm seine erstgeborene Tochter Cora besonders ans Herz gewachsen war. Isabelle war von klein auf sehr offen, selbstbewusst, mutig und lebhaft. Ihre ältere Schwester

Cora hingegen war ruhiger, zurückgezogener, manchmal schüchtern und häufig unsicher. Aus diesem Grund passte sich Cora ihrer kleineren Schwester meistens an und fühlte sich, trotz des Altersunterschieds, wohl und sicher in ihrer Nähe.
Obwohl die Schwestern so unterschiedlich sind, hatten sie ein sehr inniges und freundschaftliches Verhältnis. Es gab zwischen ihnen nur sehr selten die bekannten „Zickenkriege", und wenn es doch dazu kam, dann vertrugen sie sich sehr schnell wieder und fanden zu ihrer harmonischen Geschwisterrolle zurück.

Das Problem, das sich durch Cora in ihrer Pubertät zu zeigen begann, hatte mit ihrem Vater und insbesondere ihrer Mutter Kerstin zu tun. In der Verteilung von Liebe und Zuneigung hatte Cora von Kindesbeinen an ihren Vater favorisiert, so wie sie bei ihm stets eine Sonderstellung einnahm.
Es war nicht so, dass sie ihre Mutter nicht geliebt, sich mit ihr nicht verstanden hätte, aber sie war mit ihrem Vater einfach enger verbunden. Sie hatte schon als kleines Kind ihren Vater immer beinahe eifersüchtig im Blick, damit er seine volle Aufmerksamkeit und Zuwendung nur ihr zeigen sollte. Das ging sogar so weit, dass Cora bereits im Krabbelalter damit begann, ihre Mutter und ihren Vater zu trennen, wenn sie beieinander saßen, um dann selbst den Platz bei ihrem Vater einnehmen zu können. Ihre Mutter Kerstin hat dieses Tun belächelt in dem Bewusstsein, sie sei halt ein Vaterkind.

Als Cora ungefähr 13 Jahre alt war, begann sich das Verhältnis zu ihrer Mutter drastisch zu verändern. Es ging nicht darum, dass sich Cora nicht verstanden fühlte, dass es die üblichen Streitgespräche zwischen Mutter und Tochter gab, sondern Cora entwickelte zu dieser Zeit eine heftige und erschreckende Ablehnung ihrer Mutter gegenüber. In kürzester Zeit verwandelte sich diese Ablehnung in blanken Hass.

Cora ließ ihre Mutter überhaupt nicht mehr an sich heran. Sie lehnte jede Anteilnahme und Zuwendung ihrer Mutter vehement ab und ließ keinerlei körperliche Nähe mehr zu. Selbst vorsichtigen und liebevollen Umarmungen entzog sich Cora brüsk und voller Ablehnung. Zu Ihrem Vater hingegen fühlte sie sich nach wie vor stark hingezogen und demonstrierte dies auch mit häufiger, liebevoller Nähe.

Man kann sich leicht vorstellen, dass diese unverständliche Wandlung die Harmonie der gesamten Familie stark beeinflusste, wenn nicht sogar zerstörte. Am schlimmsten war die Tatsache, dass es keinen Anhaltspunkt gab, der diese drastische Veränderung hätte erklären können.
Obwohl Cora in der Pubertätsphase die normal üblichen Probleme mit ihrer Selbstfindung hatte, blieb das Verhältnis zu ihrem Vater Wolfgang und ihrer Schwester Isabelle doch konstant liebevoll.
Nur ihrer Mutter gegenüber wurde die Ablehnung immer stärker. Cora schien keinerlei Notiz davon zu nehmen, aber ihre Mutter und ihren Vater belastete dieser Umstand sehr.

Da für diese plötzliche, demütigende Ablehnung Coras in diesem Leben kein Hinweis zu entdecken war, musste der Grund in einem früheren Leben zu finden sein. Coras Mutter Kerstin entschied sich deshalb für eine therapeutische Rückführung.

Solche Rückführungen sind nicht nur unter Hypnose möglich, sondern auch in einem meditativen, tiefenentspannten Zustand. Auch wenn etliche Klienten nur schwer einen Zugang zu früheren Leben erhalten, so ist es einigen Therapeuten durchaus möglich, diese Bilder über sich selbst stellvertretend für ihre Klienten zu empfangen.

In diesem Fall zeigt sich vor dem geistigen Auge des Therapeuten, und etwas später auch in der Erinnerung von Kerstin, die Kulisse einer beeindruckenden Großstadt, die Kerstin sofort als die Stadt WIEN wiedererkennt.
Nach und nach erscheinen eindrucksvolle, sehr gepflegte historische Gebäude, deren Umfeld eine große Betriebsamkeit und offensichtlichen Wohlstand widerspiegelt. Die morgendlichen, bereits wärmenden Sonnenstrahlen deuten auf den beginnenden Frühling hin.
Es handelt sich um einen Schauplatz inmitten der heutigen Altstadt von Wien. Auf den breiten, großzügigen Straßen herrscht bereits ein reger Verkehr von kleineren schlichten und etwas größeren prunkvollen Kutschen. Die Männer tragen leichte, dunkle Gehröcke und sind in eifrige, geschäftige Gespräche vertieft. Die Frauen haben sich bereits in ihre luftigen, bodenlangen Sommerroben gekleidet und flanieren zu zweit oder in kleineren

Gruppen durch die einladenden, grünen Parkanlagen, die dem Großstadtbild ein besonders warmes und freundliches Flair verleihen. Es dürfte sich um die Zeitschiene Anfang bis Mitte des 19. Jahrhunderts handeln.

In diesem Augenblick erkennt Kerstin eine elegant gekleidete junge Frau mit einer weiteren ihr anscheinend sehr vertrauten Person an ihrer Seite. Kerstin spürt, dass sie selbst diese vertraute Person ist und dass sie mit ihrer besten Freundin, die große Ähnlichkeit mit Cora aufweist, an einem herrlichen Frühlingstag durch die Stadt Wien schlendert.

Cora, mit damaligem Namen Theresia, ist ungefähr im Alter von 25 Jahren, sehr hübsch und hat die gleichen goldblonden, seidigen, leicht gewellten Haare wie im heutigen Leben, allerdings damals zu einer anmutigen Hochsteckfrisur zusammengefasst. Sie flaniert Arm in Arm mit ihrer allerbesten Freundin Marie (ihrer heutigen Mutter Kerstin) über eine breite Einkaufsstraße im Zentrum von Wien. Die beiden kennen sich von klein auf und sind jetzt gemeinsam unterwegs, um Einkäufe zu tätigen.
Es sind heute zwei neue Abendkleider, die die beiden anlässlich eines bevorstehenden Besuchs in der Oper tragen wollen. Sie haben sich gegenseitig beraten und zwei ganz wunderschöne, dezent elegante Kleider ausgesucht. Diese werden noch am selben Tag an ihre Hausanschrift von den Bediensteten des Modegeschäfts ausgeliefert.

So suchen Theresia (Cora), die von ihrer Freundin Resi genannt wird, und Marie (Coras Mutter Kerstin) nach ihrem erfolgreichen Einkauf noch ein beliebtes Café in der Nähe auf, das besonders für seine süßen Köstlichkeiten bekannt ist.

Cora-Theresia ist seit sieben Jahren überaus glücklich verheiratet. Kerstin-Marie, ihre beste Freundin, ist zwei Jahre jünger als sie selbst und noch immer unverheiratet.
Marie ist ebenfalls ausgesprochen attraktiv und hat dementsprechend nicht wenige Verehrer. Sie ging Freundschaften ein, hatte auch eine längere Affäre, aber sie trat immer den Rückzug an, wenn es wirklich ernst wurde.
Theresia und Marie hatten oft über dieses Thema gesprochen, aber Marie argumentierte stets mit der Ansicht, ihre große Liebe sei halt noch nicht dabei gewesen.
Theresias Ehemann Karl hatte sich mit seiner Frau und deren Freundin Marie in dem besagten Café verabredet, um die beiden Frauen abzuholen.
Als Karl das Café betritt, wird er von vielen versteckt gehaltenen Blicken der weiblichen Gäste unauffällig bewundert. Er ist von stattlicher Statur, hat auffallend dichtes, etwas längeres, braunes Haar, große, warme, braune Augen und ein ganz besonderes Charisma. Insbesondere diese Augen hatten es auch Theresia bei ihrer ersten Begegnung sofort angetan.

Karl begrüßt die beiden Freundinnen mit einem charmanten Lächeln und berührt liebevoll die Schulter seiner Frau. Die innige Bindung, die zwi-

schen beiden besteht, ist auf den ersten Blick auch für Außenstehende spürbar. Lediglich der bisher unerfüllte Kinderwunsch fehlt in ihrer sehr harmonischen Ehe noch zu ihrem ganz großen Glück. Theresia bemerkt indes nicht, mit welch sehnsüchtigem, neidvollen Blick Maries Augen auf Karl ruhen…

Diese Szenerie löst sich langsam auf, verschwimmt allmählich und verwandelt sich in ein neues Bild.

Es ist ein Jahr vergangen. Theresia hatte einen Kuraufenthalt angetreten, um die Chancen auf Verwirklichung ihres Kinderwunsches zu verbessern. Sie hätte vier Wochen zur Kur bleiben sollen, aber diese bereits nach drei Wochen frühzeitig beendet. Theresia hatte große Sehnsucht nach ihrem Mann, ihrem Zuhause und auch nach ihrer besten Freundin Marie.
Wegen der langen Reise kommt sie erst am späten Abend zu Hause an und lässt sich von dem Kutscher bis zu ihrer Haustür geleiten. Das Haus ist noch überall hell erleuchtet und nach mehrfachem Klopfen wird ihr von einer verunsichert ausschauenden Bediensteten die Tür geöffnet.
Theresia macht sich darüber keine Gedanken und schleicht leise die breite Treppe empor, um ihren Mann zu überraschen. Sie vermutet ihn, wie häufig zu dieser Zeit, noch in der Bibliothek. Um dorthin zu gelangen muss sie am Wohnraum vorbei gehen, aus welchem, bei geschlossener Tür, leises Gelächter dringt. Sie kann sofort eine männliche und eine weibliche Stimme erkennen, die nicht in ein

normales Gespräch vertieft sind, sondern sich offensichtlich gegenseitig necken.

Einen Moment lang setzt ihr Herz aus, dann stößt Theresia ohne zu überlegen und ohne jede Vorwarnung die Tür zum Wohnraum weit auf.

Das Bild, das sich ihr in diesem Augenblick bietet, sollte sich sehr tief in ihrem Gedächtnis eingraben.

Coras Mutter Kerstin selbst kann die Gefühle ihrer damaligen Freundin und heutigen Tochter überdeutlich wahrnehmen.

Das warme Licht der Kerzen und die knisternden Flammen im Kamin stehen im krassen Gegensatz zu dem eiskalten Ring, der Coras Herz umschlossen hat und sie in diesem Moment fast zu ersticken droht.

In eindeutiger Position rekeln sich ihr geliebter Mann Karl und ihre allerbeste Freundin Marie auf der Chaiselongue. Die Kleidung von beiden ist achtlos im Raum verteilt wie der Vorbote für jenes Chaos, das sich unaufhaltsam in Coras Herzen und in ihrer Seele ausbreitet. Sie hat binnen einer Sekunde alles verloren, woran sie in ihrem Leben geglaubt hatte.

Die beiden Menschen, die ihr am nächsten standen, denen sie vertraut, die sie geliebt hatte, die ihr am wichtigsten waren; genau diese beiden Menschen hatten ihr in einem einzigen Moment das wichtigste Gefühl geraubt, das ein Mensch für ein glückliches Leben braucht – das Vertrauen.

Karl hält bestürzt sein Gesicht mit beiden Händen verdeckt, und es ist Marie, die Theresia in diesem

Moment in die Augen sieht. Maries Blick spiegelt Entsetzen – keine Scham und einen Anflug von Überlegenheit.
In diesem Moment beginnen sich die Augen von Marie weiter zu verändern, und Kerstin scheint es, als ob sie in einen Spiegel schaut. Sie erkennt sich selbst.

Die Gestalt des in sich zusammengesunkenen Karl, das Gesicht vor Scham in seinen Händen verborgen, nimmt ebenfalls langsam eine andere Form an: das Bild von Kerstins Ehemann und Coras heutigem Vater Wolfgang!

Nun muss man kein Psychologe sein, um das Dilemma nachvollziehen zu können, das sich in Coras Unterbewusstsein abspielt.
In der Zeit ihrer Pubertät, wenn sie langsam zur Frau heranreift, kommt die Erinnerung an all diese Gefühle aus dem soeben angeschauten Leben zurück. Dort ist die tiefe Liebe zu ihrem Vater (ihrem früheren Ehemann) und dort ist auch die Liebe zu ihrer Mutter (ihrer früheren besten Freundin). Mit dem Heranreifen zur Frau wird sie durch beide Eltern an ein schockierendes, absolut traumatisierendes Ereignis erinnert.

Was ihre Seele heute noch blockiert, ist nicht die Erfahrung, irgendwann betrogen worden zu sein, sondern es ist die Erfahrung von unglaublicher Verletzung, Erniedrigung, Verzweiflung, Wut, Hilflosigkeit, Traurigkeit, Machtlosigkeit, Liebesentzug, Enttäuschung, Verbitterung, Verschlossenheit, Vertrauensverlust. All diese Gefühle schlummern in ihrem Unterbewusstsein und melden sich immer wieder zu Wort, wenn sie ihre Mutter anschaut, ihren Vater mit ihrer Mutter zusammen sieht.

Nach der betreffenden Rückführung erscheint für alle Beteiligten die plötzliche Ablehnung Coras ihrer Mutter gegenüber nachvollziehbar.
Offensichtlich hat sie damals nicht ihren Ehemann Karl, sondern ihre beste Freundin Marie als Hauptschuldige für dieses Drama verurteilt. *Cora stürzte in jenem vergangenen Leben in eine tiefe, nie mehr ausheilende Depression.*

Wenn solche Erinnerungen tatsächlich in unserer Seele, unserem Unterbewusstsein tief verankert bleiben, wie ist es dann dennoch möglich, die Situation in der Gegenwart zu heilen?
Es ist möglich. Aber es ist nicht leicht, und es erfordert viel Geduld und Zeit.

Zunächst einmal ist es eine wirklich große Hilfe, dass Kerstin und Wolfgang die Ursache für die plötzliche Veränderung der Familiensituation erkennen konnten.
Mit gemischten Gefühlen haben sie diese Erklärung akzeptiert, und sie müssen außerdem erkennen, dass es völlig sinnlos ist, sich in irgendeiner Weise für dieses Vorkommnis in der Vergangenheit zu schämen oder schuldig zu fühlen.

Ganz behutsam wird Wolfgang in der nächsten Zeit versuchen, seiner Tochter diese Erkenntnisse nahezubringen.

Mit dieser Kenntnis allein werden sich Coras Gefühle aber noch nicht verändern – Gefühle von Verletzung, Eifersucht und Ablehnung ihrer Mutter gegenüber. Diese Gefühle können sich nur ändern, wenn z.B. ein Therapeut ihr nahelegt, die heutige Situation aus einem völlig neuen Blickwinkel zu betrachten.

Vielleicht besteht die Liebe zwischen ihrer Mutter Kerstin und ihrem Vater Wolfgang auch bereits über viele weiter zurückliegende Leben, genauso wie die Liebe zwischen Wolfgang (im früheren Leben Karl) und ihr selbst.

Keiner hat schließlich das Anrecht auf eine ausschließliche Liebe. Keiner sollte für sich das Recht beanspruchen, die Liebe eines anderen ausschließlich besitzen zu wollen. Wenn wir davon ausgehen, und diese Möglichkeit hat viele Ansätze zur Beweiskraft, dass wir jenen Menschen, die wir lieben und die uns wichtig sind, Leben für Leben wieder begegnen, dann können wir oftmals auch einen Versuch von Wiedergutmachung erkennen.

Wäre es nicht denkbar, dass Kerstin und Cora ganz bewusst ihr erneutes Zusammenkommen gewählt haben? Es gab und gibt eine tiefe Verbundenheit zwischen den damaligen besten Freundinnen. Wie lässt sich die Liebe zu einer Freundin besser demonstrieren, als zeitweise für sie die Mutterrolle zu übernehmen. Eine Mutter liebt ihre Tochter bedingungslos, ist uneingeschränkt für sie da, möchte stets dazu beitragen, dass es ihr gut geht.

Der Vater hat diesbezüglich im heutigen Leben, natürlich unbewusst, eine ganz ähnliche Position eingenommen. Auch er kann zu seiner früheren

Frau in großer Liebe verbunden bleiben, wenn er für dieses Leben die Vaterrolle übernimmt.

Sicherlich, es ist ziemlich ungewöhnlich und nicht ganz leicht, solch eine Betrachtungsweise zuzulassen. Aber allein die Bereitschaft, die Sichtweise auf die Dinge dahingehend zu verändern, wird eine Heilung des bisher ungelösten Konflikts in Gang setzen.
Cora wird nach und nach klar werden, dass ihre ablehnenden und hasserfüllten Gefühle rein gar nichts mit dem jetzigen Leben zu tun haben. Sie wird erkennen, dass sie aus der Erinnerung kommen und dass weder ihre Mutter noch ihr Vater sie in diesem Leben auf irgendeine Weise enttäuscht haben.

Mit dieser Erkenntnis werden sich Coras Gefühle ihrer Mutter gegenüber ganz langsam wieder in eine offene und liebevolle Richtung verändern. Man muss diesem Prozess nur Zeit geben, und die Eltern brauchen sehr viel Geduld und Verständnis.

Nun haben natürlich nicht alle ernsten Zerwürfnisse in der Familie einen ähnlich ausgefallenen Hintergrund. Die Palette der möglichen Ursachen ist breit gefächert, und über einen anderen Zusammenhang möchte ich in meinem nächsten Kapitel berichten.

Familie

4. Bruderzwist

Neben manch unerklärlichen Problemen zwischen Eltern und Kindern beobachten wir sehr häufig auch überdeutliche Disharmonie bei direkten Geschwistern. Diese Tatsache belastet meistens nicht nur die betroffenen Geschwister selbst, sondern indirekt die gesamte Familie. Irgendwie neigen wir doch alle zu der – illusionären – Vorstellung, dass die direkte Familie zusammenhalten sollte, dass die engen verwandtschaftlichen Bande automatisch auch zu einer liebevollen und engen Verbundenheit beitragen müssten.
Leider sieht die Realität oft ganz anders aus.
Größere Familienfeiern arten oftmals zu regelrechten Machtkämpfen aus, und deutlich spürbare Feindseligkeiten zwischen Geschwistern belasten vor allem die Eltern und Großeltern sehr.
Wo kommen diese anscheinend unüberbrückbaren Feindseligkeiten her, und wie kann man diese in Respekt, Verständnis und freundschaftlichen Umgang miteinander umwandeln?
Die beiden Brüder, von denen hier berichtet wird, sind Carsten und Gero. Carsten ist fünf Jahre jünger als sein Bruder Gero, und die Eltern hatten lan-

ge warten müssen, bis ihr zweites Wunschkind geboren wurde. Wegen des nicht unerheblichen Altersunterschiedes hatten die beiden Brüder während ihrer Kindheit und Jugend eher wenig Kontakt zueinander. Weil jeder seinen eigenen altersgerechten Freundeskreis besaß, gab es nur wenige Berührungspunkte und daher auch selten Anlass zum Streit. Kleine Eifersüchteleien und Besitzansprüche endeten schlimmstenfalls in einer harmlosen Rangelei, aber auch solche Auseinandersetzungen waren eher selten.
Die Feindseligkeit zwischen den Brüdern nahm einen schleichenden Verlauf und wurde deutlicher mit der Ausbildung des jüngeren Bruders Carsten im elterlichen Betrieb.

Die Eltern führen ein kleineres, jedoch sehr beliebtes Hotel in einer landschaftlich reizvollen Feriengegend im Schwarzwald. Carsten hatte von klein auf großes Interesse an allen Arbeiten, die im und rund um das Hotel zu erledigen waren. Er besserte gern sein Taschengeld damit auf, indem er mal in der Küche, mal im Speisesaal oder auch im Garten seine Hilfe anbot.
Die Eltern waren natürlich sehr erfreut über dieses Interesse, und daher war es nur naheliegend, dass Carsten das Hotel seiner Eltern später übernehmen sollte.
Gero war von Anfang an weniger interessiert am Hotelbetrieb und hatte lieber seinen Wunsch nach einem Studium verwirklicht.
Allerdings hatte er nach zwei Architektur-Semestern den Studiengang noch einmal gewechselt, um jetzt Maschinenbau zu studieren. Doch auch dieses

Studium schien ihm nicht wirklich zu liegen, und er war mit seiner Gesamtsituation relativ unzufrieden.

Gero begann einen starken, unverständlichen Groll Carsten gegenüber zu empfinden, und dieser Groll entfernte ihn von seinem Bruder mehr und mehr.
Die beiden beschränkten sich auf notwendige Förmlichkeiten bei den wichtigsten und nicht zu umgehenden Familienfeiern. Keines der Familienmitglieder konnte sich auch nur annähernd erklären, welcher Umstand die beiden Brüder in eine derartige Entfremdung geführt hatte.
Außerdem entwickelte Gero unbemerkt eine sich stetig steigernde, starke Eifersucht. Carsten machte während der Ausbildung im elterlichen Betrieb einen zufriedenen und glücklichen Eindruck. Die Eltern waren entsprechend stolz auf ihn und stellten ihn Gero gegenüber häufig als Vorbild hin, wobei letzterer seinen Weg irgendwie nicht zu finden schien.

Als Carsten seine Ausbildung abgeschlossen hatte und im Hotel eine verantwortungsvolle, bereits gut dotierte Anstellung bekam, wurde Gero immer frustrierter, weil er selbst nun zwar auch kurz vor dem Abschluss seines Maschinenbaustudiums stand, aber für sein Examen nur mit mäßig guten Noten zu rechnen war. Diese Tatsache eröffnete ihm natürlich, nach seiner Vorstellung und seinen Glaubensmustern, kaum die Chance auf eine interessante und gut bezahlte Anstellung als Ingenieur.

Auch in diesem Fallbeispiel hatte die Mutter von Carsten und Gero den Wunsch geäußert, der Feindschaft ihrer beiden Jungen auf den Grund zu gehen. Die Rückführung in ein entsprechend früheres Leben hatte zur Folge, dass die Ursache der Feindseligkeit die Geschichte in einem völlig anderen Licht erscheinen lässt.

Vor dem inneren Auge von Carstens und Geros Mutter erscheint zunächst die Jahreszahl 1872, die in einem Dokument niedergeschrieben wird.
In einem bescheidenen kleinen Natursteinhaus liegt eine junge Frau bereits viele Stunden in den Wehen.
Mitternacht ist längst vorbei und ein starker, heulender Sturm zerrt unablässig an den geschlossenen Fensterläden. Einer dieser Läden wurde aus der Verankerung gerissen und schlägt in einem unregelmäßigen Rhythmus bedrohlich gegen den Fensterrahmen.
Das Haus liegt hinter einer inzwischen leeren Dorfkneipe, inmitten eines überschaubaren, etwas erhöht gelegenen Ortes an der Ostküste Irlands.
Von einigen Häusern aus hat man einen freien Blick auf das ein paar hundert Meter entfernt liegende Meer, das heute Nacht hohe, tosende Wellen gegen die raue Küste schleudert.

Die Hebamme an der Seite der Frau des Schankwirts kümmert sich bereits liebevoll um das Erstgeborene, während Mary noch immer in den Wehen liegt. Die Vermutung einer Zwillingsschwangerschaft hat sich bestätigt, und die Geburt dieser Zwillinge kostet Mary das Höchstmaß an

Kraft, Anstrengung und Schmerzerduldung. Dennoch kommt nach geraumer Zeit auch das zweite Kind gesund zur Welt, und der jetzt hinzu gerufene Vater kann stolz zwei Söhne in die Arme seiner Frau legen.
Es sind zweieiige Zwillinge, und bereits als Säuglinge unterscheiden sich die beiden Jungen sehr deutlich voneinander. Der eine ist kräftig gebaut, hat ein breites, beinah etwas derbes Gesicht, während der andere Junge leichter, feingliedriger und mit feinen Gesichtszügen ausgestattet ist. Obwohl sich bei Zwillingsgeburten oftmals der kräftigere Zwilling als erster seinen Weg bahnt, ist es in diesem Fall doch genau umgekehrt.
Bei dem Erstgeborenen ist zunehmend das Antlitz von Gero zu erkennen, der kräftige Zweitgeborene spiegelt Carstens Gesichtszüge wider.

Die Bilder verschwimmen und verwandeln sich in eine andere Szene.

Es ist Sonntag um die Mittagszeit, an einem regnerischen Sommertag. In der Dorfkneipe sitzen bereits lärmend einige Bauern und Handwerker bei einigen Krügen Bier. Sie haben teilweise Mittagsproviant mitgebracht, den sie zwischen den Bierkrügen ausbreiten und verzehren.
Die beiden Brüder Carsten und Gero sind inzwischen 14 Jahre alt. Beide halten sich oft in der Dorfschänke auf und müssen dem Vater helfen. Während Carsten gern bei handwerklichen Arbeiten und dem Schankbetrieb behilflich ist, hatte Gero viel Freude an der Planung und Mithilfe der kürzlich

vorgenommenen Umgestaltung und Vergrößerung der Gaststube.

Gero, der kleinere, schmächtigere der beiden Brüder, hat an diesem Sonntag seinen Rucksack gepackt und wird sich von seiner Familie und dem Heimatort verabschieden müssen.

Man hat ihn von klein auf wissen lassen, dass er der Zweitgeborene sei und dementsprechend sein Bruder Carsten das Wirtshaus des Vaters einmal übernehmen wird. Für Gero sei es jetzt an der Zeit, in die Welt hinauszuziehen, um sich für ein Handwerk, die Landwirtschaft oder die Fischerei zu entscheiden und dort irgendwann in Lohn und Brot zu stehen.

Gero ist seiner Heimat sehr verbunden, wäre gern in der Nähe der Familie geblieben, aber dort gab es nicht genug Möglichkeiten, eine entsprechende Arbeit zu finden. Als er seine Mutter, seinen Vater und abschließend seinen Zwillingsbruder zum Abschied umarmt, wird er erstmalig mit einem noch undeutlichen Gefühl von Neid konfrontiert.

Sicherlich, es ist allgemein üblich, dass die Erstgeborenen das Erbe des Vaters antreten und die Jüngeren sich andernorts umsehen müssen, aber dennoch ist er mit dieser Regelung nicht im Reinen. Zu gern würde er mit seinem Bruder tauschen oder würde gern zusätzlich als Arbeitskraft in der Dorfschänke bleiben, aber das hatte der Vater von Anfang an abgelehnt.

Während Gero die Häuser seines Heimatortes hinter sich lässt, beschleicht ihn das Gefühl von Traurigkeit und Einsamkeit. Er ist jetzt frei wie ein

Vogel, kann in die Welt hinausziehen und vielleicht aufregende Abenteuer erleben, aber die rechte Freude darüber will sich nicht einstellen.
Etwas außerhalb des Dorfes liegt die kleine, freundliche Hütte seiner älteren Tante, die noch immer bei Geburten in der näheren Umgebung als Hebamme zur Verfügung steht. Gero hatte schon immer ein besonders inniges Verhältnis zu seiner Tante, und es fällt ihm schwer, auch von ihr Abschied nehmen zu müssen.
Seine Tante steht bereits im Garten, und als Gero näher kommt, laufen ihr die Tränen über die Wangen. Gero ist sehr gerührt und nimmt seine Tante lange und liebevoll in den Arm.
Durch ein leises Schluchzen hindurch hört Gero ihre stammelnden Worte, die sich nicht auf seinen Abschied beziehen. Sie wiederholt den Satz mehrere Male:
„Es ist ein Unrecht. Es ist ein verdammtes Unrecht!" Gero hat keinerlei Ahnung, was sie damit meinen könnte, und bittet sie um eine Erklärung. Nur sehr zögernd bringt sie die Wahrheit über die Lippen: „Gott möge mir beistehen, aber ich kann dich mit dieser Lüge nicht ziehen lassen."

Dann erzählt sie stockend, dass eindeutig er, Gero, der Erstgeborene sei. Sein Vater hatte jedoch von Anfang an eine besondere Vorliebe für Carsten. Carsten war groß, stark und vor allen Dingen ihm selbst sehr ähnlich. Er hielt es für sinnvoll und angebracht, dem vermeintlich Stärkeren die Nachfolge und das Erbe zu vermachen.
Er hatte geglaubt, die richtige Entscheidung zu treffen und der Tante und Hebamme das Versprechen

abgenommen, diese kleine Änderung niemals preiszugeben.

Gero ist wie vor den Kopf geschlagen. Er fühlt sich verraten, zurückgesetzt, belogen und betrogen. Zorn und Groll steigen in ihm auf, und diese Gefühle richten sich sowohl gegen seinen Vater als auch gegen den Bruder.
Am liebsten würde er auf der Stelle umkehren, seinen Vater anklagen, ihm diese Ungerechtigkeit ins Gesicht schreien, aber das würde er seiner Tante niemals antun.

So muss Gero jetzt gegen seinen Willen in die Fremde ziehen, während sein Bruder Carsten jenen Platz einnimmt, der rechtmäßig ihm zustehen würde und den er sich aus ganzem Herzen gewünscht hätte.
Gero ist nie wieder nach Hause zurückgekehrt, und er wird mit vielen wechselnden Berufen niemals wirklich glücklich. Er hätte ein anderes Leben führen können und wollen, und diese Kenntnis lastet schwer auf seiner Seele.

Mit der Rückschau auf dieses frühere Leben der Brüder Carsten und Gero lässt sich die Ziellosigkeit von Gero und die Ablehnung seinem Bruder gegenüber nun plötzlich ziemlich gut nachvollziehen.
Auf Geros Seele lasten völlig unbewusst Gefühle von Verrat, Ablehnung, Ungerechtigkeit und Zurücksetzung. Er hat auch die Erfahrung programmiert, dass es sich nicht lohnt, seine wahren Wünsche und Bedürfnisse auszusprechen, da diese ohnehin nicht erfüllt werden. Zudem

kommt aus jenem Leben die unbewusste Erkenntnis hinzu, dass sein Bruder ungerechterweise die Chance erhielt, ein zufriedenes Leben zu führen, während er selbst aufgrund der Geschehnisse auf ein ruheloses, nicht sonderlich glückliches Leben zurückschauen muss.

Diese Erinnerungen sind ganz tief in der Seele von Gero verwurzelt, und sie belasten sein Verhalten dem Vater und dem Bruder gegenüber schwer. Auch die halbherzige und nur wenig zielstrebige Berufswahl erscheint plötzlich in einem ganz anderen Licht.
Nachdem die Mutter den Auslöser für Geros Entfremdung und zögerliche berufliche Entwicklung nachvollziehen kann, muss sie der Familie diese Zusammenhänge behutsam begreiflich machen.
Gero hätte die Chance zu erkennen, dass es eigentlich auch seinem größten Wunsch entsprechen würde, im väterlichen Betrieb einzusteigen. Er könnte noch einmal eine zusätzliche Ausbildung wählen, aber diesmal in Übereinstimmung mit seinem bisher verdrängten Wunsch bezüglich der Hotelbranche.
Grundsätzlich gab es ja selten große Meinungsunterschiede zwischen Carsten und Gero, sodass nach Beendigung der unnützen Ablehnung und Eifersucht eine Zusammenarbeit der beiden Brüder sogar sehr erfolgversprechend wäre.

Allein die Kenntnis darüber, wodurch der bisherige Bruderzwist unbewusst genährt wurde, kann mit therapeutischer Hilfe eine vollständige Heilung herbeiführen.

Die dadurch möglich werdende berufliche Umorientierung von Gero kann in diesem Leben dafür sorgen, dass beide Brüder in ihrem Beruf Erfolg, Glück und Zufriedenheit finden.

Beruf – Ausbildung - Studium

Beruf

5. Wir haben die Wahl

Wenn wir einmal über unseren Tagesablauf nachdenken, dann verbringen wir zweifelsfrei den größten Teil des Tages mit einer Pflichterfüllung, in der wir eindeutig mit der Tatsache konfrontiert werden, keine Wahl zu haben.

Zehn bis zwölf Jahre Schulzeit, anschließend ein Studium oder eine Ausbildung und schließlich die Ausübung unseres Berufs, unserer „Arbeit", in vielen Fällen noch zusätzlich als Hausfrau und Mutter.

Genau genommen wird also die längste Zeit unseres Lebens durch eine Pflichterfüllung geprägt, die sich über die Erfahrung des Berufs- und Arbeitsalltags bis ins hohe Rentenalter erstreckt. Diese Pflichterfüllung beansprucht nach Anzahl der Stunden unseres Wachzustands den absolut größten Teil des Lebens.
Ist es da nicht vollkommen einleuchtend und unverzichtbar, diesen Lebensmittelpunkt mit einer Tätigkeit auszufüllen, die für uns nicht nur eine unvermeidbare, vielleicht sogar lästige Pflicht-

erfüllung darstellt, sondern uns mit Freude erfüllt, ohne uns ständig an die Verpflichtung zu erinnern?

Viele werden jetzt argumentieren: „Aber genau unter diesem Aspekt habe ich meinen Beruf ausgewählt!"
Ist das tatsächlich so? Wenn ja, herzlichen Glückwunsch. Aber in den meisten Fällen ist die Berufswahl auf einem Gerüst von Kompromissen aufgebaut.
Wir haben höchstwahrscheinlich keine Wahl, ob wir arbeiten wollen, aber wir haben, um dem Ganzen einen Sinn zu geben, sehr wohl die Wahl, wie und wo wir arbeiten wollen.

Viele Menschen sind überzeugt davon, eine eigene Berufswahl getroffen zu haben, obwohl sie sich eigentlich nur dem Überzeugungsversuch eines oder mehrerer nahestehender Menschen angeschlossen haben, von denen sie glauben, diese wollten nur ihr Bestes und hätten außerdem mehr Lebenserfahrung als sie selbst.

Bereits mit der Einschulung ihrer Kinder treffen die Eltern „wohlmeinend" eine erste Wahl, die in den seltensten Fällen eine Wahlmöglichkeit der Kinder mit einbezieht.
In die Schule „direkt nebenan" gehen wegen des kurzen Schulweges die meisten Nachbarskinder. Sie kostet keine extra Gebühren und wurde auch schon von der Generation der Eltern besucht. Also, eine logische Entscheidung, die eigenen Kinder ebenfalls dort einzuschulen. Sicher, wir als Eltern wollen das Beste für unsere Kinder und glauben, für

sie die besten Entscheidungen zu treffen. Aber können wir für andere, auch wenn es sich um unsere Kinder handelt, überhaupt die für sie richtige Wahl treffen?

Die meisten Eltern bejahen diese Frage nach wie vor vehement, weil sie durch das Bemühen ihrer eigenen Eltern genau diese Erfahrung gemacht haben. Irgendwann glauben wir einfach daran, dass andere besser als wir selbst wissen und entscheiden können, was für unsere Person gut und richtig ist.

Es gibt heute alternative Kindergärten und Schultypen, über die wir vielleicht Positives oder auch Negatives hören, ohne uns jemals selbst mit deren Konzepten beschäftigt zu haben.
Was spricht dagegen, mit dem eigenen Kind an entsprechenden Schnuppertagen teilzunehmen, sich ein eigenes Bild zu machen und vor allen Dingen zu hinterfragen und zu beobachten, ob unsere Kinder sich mit diesen etwas anderen Konzepten vielleicht sehr viel wohler fühlen.
Kinder haben ein sehr gutes Gespür dafür, was ihnen gut tut und wo sie sich wohlfühlen könnten. Es wäre also durchaus möglich, bereits für den Kindergarten und die ersten Jahre in der Schule die Bedürfnisse und Vorlieben des Kindes sehr genau zu studieren und indirekt das Kind entscheiden zu lassen, in welcher Institution es sich am besten aufgehoben fühlt, auch wenn dies vielleicht mit einem etwas höheren Finanzierungs- und Zeitaufwand verbunden wäre.

Die Realität sieht aber leider sehr oft so aus, dass die Erwachsenen verstandesgemäß und vermeintlich „vernunftgesteuert" die Entscheidungen für ihre Kinder übernehmen, ohne ihnen ein ernsthaftes Mitspracherecht – über das Ausprobieren – ermöglicht zu haben.

Wie viele Kinder leiden dann unter der nächsten Entscheidung ihrer Eltern, wenn es um eine weiterführende Schule geht. Wie viele werden trotz einer Realschulempfehlung dennoch auf einem Gymnasium angemeldet unter dem Vorwand, dass die Eltern eben besser als die Lehrer und das Kind wissen, was für ihr Kind gut und richtig ist.
Als nächstes kommt häufig die Entscheidung ins Spiel, ob ein Jugendlicher die Schule eventuell vorzeitig ohne beispielsweise das Abitur verlässt.
Auch hier wissen die Eltern in der Regel wieder ziemlich genau, was für ihr Kind richtig ist! So programmieren sie die Heranwachsenden mit folgenden Glaubenssätzen:

Ohne Abitur hast du nur wenig Chancen.

Schlechte Noten verbauen dir jeden Weg in ein erfülltes Leben. Gute Noten und ein qualifizierter Abschluss sind in dieser Zeit die Voraussetzung für jegliche positive Weiterentwicklung.

Entsprichst du diesen Anforderungen, dann wirst du anerkannt und vor allen Dingen geliebt.
Erfüllst du diese Anforderungen nicht, dann bist du nichts wert und wirst auch nicht geliebt.

Vielleicht habe ich in dieser Darstellung bewusst etwas übertrieben, aber ich denke, Sie erkennen genau, worauf ich mit dieser Feststellung hinaus will.

Bereits die Kinder und jungen Menschen werden mit Gedanken und Glaubenssätzen programmiert, die nicht ihre eigenen sind. Diese Muster erzeugen unbewusst Gefühle, die dann wiederum unser gesamtes nachfolgendes Leben bestimmen.

Ich fühle mich anerkannt, geachtet und geliebt, oder aber ich fühle mich als Versager, abgelehnt und ungeliebt.

Wenn durch unachtsame und falsche Beeinflussung ein Mensch erst einmal die drei zuletzt genannten Gefühle in seinem Unterbewusstsein programmiert hat, dann kann er, auf welchem Gebiet auch immer, mit einem riesengroßen Potenzial ausgestattet sein, er wird dieses Potenzial nie zu seiner vollen Größe entfalten können.

Dieser Mensch leidet unter geringer Selbstwertschätzung – und daran trägt er selbst keinerlei Schuld.

Um erfolgreich und glücklich zu werden, muss er zunächst diese alten Muster erkennen, auflösen und in Selbstwertschätzung umwandeln.

Kein leichter Weg, der zu Beginn eine ganz andere und positivere Richtung hätte nehmen können, wenn die Eltern diese Zusammenhänge erkannt und entsprechend anders agiert hätten.

Die Wahl des Studiums, der Ausbildung und des Berufes ist meist ganz ähnlichen, als logisch erachteten Prinzipien unterworfen.
Wir treffen unsere Wahl nicht nach unseren eindeutigen Vorlieben und Interessensgebieten, sondern weil dieser oder jener Studiengang mit unserem Notendurchschnitt vereinbar ist. Weil eine mit diesem Studium verbundene, spätere Berufsausübung aufgrund der wirtschaftlichen Lage sinnvoll erscheint, oder weil ein Studienplatz in der Nähe des Heimatortes praktische und finanzielle Vorteile bietet.

Auch hier werden junge ebenso wie ältere Menschen bei einem etwaigen Berufswechsel sehr häufig durch äußere Bedingungen beeinflusst. Meistens glauben sie, eine eigene Wahl getroffen zu haben. Was die Menschen allerdings übersehen, ist die Tatsache, dass ihr Unterbewusstsein die Glaubenssätze der Eltern, Lehrer, Ausbilder und der Medien bereits fest übernommen hat. Sie treffen ihre Entscheidungen „vernunftgesteuert", verstandesorientiert und nicht aus dem Herzen heraus. Aus dem Herzen heraus zu entscheiden, haben sie, ihre Eltern und Großeltern in der Regel nie gelernt.

Was heißt es überhaupt, aus dem Herzen heraus zu entscheiden und wozu, um alles in der Welt, soll das wichtig und richtig sein?
Ganz einfach: Freude, Glück und Zufriedenheit können immer nur dann entstehen, wenn wir aus dem Herzen heraus handeln.

Wie kann ich erkennen, ob jemand aus dem Herzen heraus handelt?
Auch diese Frage ist relativ einfach zu beantworten.

Unsere eigenen Herzentscheidungen stimmen in den seltensten Fällen mit der Meinung und den Vorlieben der Allgemeinheit überein. Es sind ganz individuelle Entscheidungen, die unserer tiefsten Wahrheit entsprechen, die allerdings zunächst gar nicht so leicht aufzuspüren ist.
Diese Wahrheit ist unbelastet durch die Meinung und Vorurteile anderer Menschen. Sie ist irgendwo als Traum oder Vision ganz tief in jedem Menschen verankert, auch wenn das Umfeld immer wieder versucht, diese Träume und Visionen als lächerlich oder realitätsfremd abzutun.

Wie komme ich nun an diese Wahrheit, meinen Traum, meine eigene Vision heran, wenn sie durch die vielen äußeren Umstände schon sehr verschüttet ist?

Dies ist nicht ganz so einfach und bedarf eines etwas längeren Reifungsprozesses.

Nehmen wir an, dass ein junger Mensch vor der Wahl seines Studiums und damit indirekt vor seiner Berufswahl diese Herzentscheidung treffen, seine Vision, seinen Traum entdecken und erkennen möchte.
Wie in vielen Fällen anzuraten, ist es auch hier sehr hilfreich, eine schriftliche Liste anzulegen. Diese hat als solche mit einem speziellen Berufs-/Studienwunsch noch nicht im Entferntesten etwas zu tun.

Wir stellen uns lediglich Fragen, die wir möglichst umfassend, ehrlich und eingehend beantworten müssen.

Folgende Fragen könnte diese Liste enthalten:

Wo arbeite ich gern, wo fühle ich mich wohl?
In einer Groß- oder Kleinstadt, auf dem Land, in einem Büro, in der freien Natur?

Arbeite ich gern allein oder in einem Team?
Lieber in einer kleinen oder einer größeren Gruppe?

Sind feste Arbeitszeiten für mich wichtig, oder bin ich eher flexibel?

Würde mich eine selbstständige Tätigkeit reizen, oder sind für mich der Rahmen und die Sicherheit einer Festanstellung wichtig?

Womit beschäftige ich mich gern?
Mit handwerklichen, kreativen Tätigkeiten, oder lieber geistig, wissenschaftlich, kommunikativ?

Habe ich eine künstlerische Begabung?

Macht es mir Freude, etwas zu vermitteln, zu lehren, anderen zu helfen?

Schlummert in mir vielleicht ein Entdecker- oder Erfindergeist?

Habe ich eine ausgeprägte soziale Ader, und würde ich gern Verantwortung übernehmen?

Gibt es für mich ein ganz außergewöhnliches und seltenes Interessengebiet, mit dem ich mich in der Freizeit schon beschäftigt habe?

Diese Fragenliste könnte beliebig verlängert werden und würde uns ein ziemlich genaues Bild von unseren Vorlieben und wahren Wünschen vermitteln, ohne einen direkten Berufswunsch zu favorisieren.

Nun werden Sie sagen, diese Herangehensweise sei ja nicht unbedingt neu. Aber der Unterschied besteht darin, jedem noch so kleinen Aspekt Beachtung zu schenken ohne jegliches Vorurteil und ohne jegliche Bewertung.

Die wahrheitsgemäße und genaue Beantwortung ohne diese Bewertung ist hier der wichtigste Aspekt überhaupt.
Auch hier greifen leider sehr häufig einengende Glaubensmuster, die von vornherein den einen oder anderen Herzenswunsch negieren.
Schließlich wurde uns oft genug erklärt, welche Wünsche realisierbar sind, und welche Wünsche in die Abteilung unerfüllbarer Träumereien gehören.

Angenommen, wir haben eine umfassende Fragenliste erstellt und diese eingehend und wahrheitsgemäß beantwortet, wie entdecken wir denn

dann den für uns richtigen Studiengang, die beste Ausbildung, den wirklich erfüllenden Beruf?
Die Antwort ist etwas ungewöhnlich, denn nicht wir entdecken den geeigneten Beruf, sondern dieser findet zu uns!

Wenn wir uns alle Situationen bildlich vorstellen, die im Fragenkatalog aufgeführt sind, wenn wir die Antworten nicht nur als Lippenbekenntnis geben, sondern uns wirklich vorstellen können, wie wir uns in der jeweiligen Situation befinden und fühlen würden, dann entsteht in unserer Vorstellungskraft ein ganz klares Bild, das mit unserem Herzenswunsch übereinstimmt.
Diese Vorstellung, dieses Bild sollten wir so oft wie möglich vor unser inneres Auge holen – und genau durch diese Herangehensweise wird das Gesetz der Resonanz in Kraft treten.

Unter Umständen haben wir mit unseren Antworten nicht die geringste Ahnung, welcher Beruf zu diesen vielfältigen Vorstellungen am besten passen könnte. Und das ist gut so!

Wir sind vollkommen offen und frei für Synchronizitäten, die jetzt in unserem Leben auftauchen können. Wir haben keine feste und einschränkende Vorstellung von einem bestimmten Berufsbild, sondern lassen die Dinge sich entwickeln. Unter Umständen sehen wir in einer Reportage, lesen in einem Zeitungsbericht, hören von einem Bekannten von einem Betätigungsfeld, einer beruflichen Möglichkeit, die wir zuvor nie in Betracht gezogen hätten.

Vielleicht ist es eine vollkommen neue Idee, vielleicht ist es ein Betätigungsfeld, das wir bisher überhaupt nicht kannten.
In jedem Fall wird das Gesetz der Resonanz auf unsere ganz klare Vorstellung und Überzeugung reagieren. Was wir uns vorstellen können, womit wir uns gedanklich beschäftigen, das wird unweigerlich über kurz oder lang in unserem Leben auftauchen.

Die Idee für einen Studiengang, eine Ausbildung, einen Beruf wird sich entwickeln und uns finden. Wir müssen keinerlei Anstrengung bezüglich der Suche unternehmen. Wir müssen nur achtsam sein und mit offenen Augen und Ohren unsere Umwelt wahrnehmen.
Ähnlich verhält es sich mit einer künstlerischen Begabung.
Wenn heute ein junger Mensch den außergewöhnlichen Wunsch äußern würde, Puppenspieler, Zirkusclown, Straßenmusiker werden zu wollen, was müsste er sich nicht alles von seinem Umfeld anhören?
Hirngespinste, realitätsfremde Spinnerei, brotlose Kunst und wahrscheinlich noch sehr viel mehr dieser höchst qualifizierten Aussagen.

Es spielt überhaupt keine Rolle, welches Betätigungsfeld wir uns für uns selbst vorstellen können. Wenn es eine ganz klare Entsprechung in unserer Vorstellungskraft gibt, wenn uns irgendeine innere Stimme dazu auffordert, genau dieses und nichts anderes zu tun, dann handelt es sich mit Sicherheit um einen Herzenswunsch.

Wenn wir uns nun nicht durch die wohlmeinenden Ratschläge anderer beeinflussen und verunsichern lassen, sondern einfach ganz fest daran glauben, dass wir mit unserer Wahl glücklich werden und auch unser Geld verdienen können, dann wird es genau so sein.

Wenn wir unsere Herzenswünsche erfüllen, sie leben und erfahren wollen, dann sollten wir auch in Betracht ziehen, dass sich diese Herzenswünsche, unsere Träume und Visionen jederzeit erweitern oder verändern können.
Es ist nicht die höchste Wahl, an einer einmal getroffenen Entscheidung unwiderruflich festzuhalten.
Die höchste Wahl ist immer, nach der aktuellen Herzenswahrheit zu entscheiden und zu leben.
Das ist Evolution, ständige Weiterentwicklung – und dies scheint ja nun unbestritten einer der wichtigsten Gründe zu sein, warum wir hier auf dieser Erde sind.

Unsere Wahl hin und wieder zu überprüfen, wenn wir älter werden, hineinzuspüren, ob sie noch immer mit unserem Herzenswunsch übereinstimmt, kann uns erneut zu dieser Fragenliste führen.
Manchmal erkennen wir dann überdeutlich, dass es an der Zeit ist, noch einmal den Beruf zu wechseln, ihn zu erweitern, ihn zu verändern.
Aus vernunftgesteuerten Gründen an einer einmal getroffenen Wahl festzuhalten, und das hat Gültigkeit für alle Lebensbereiche, macht uns unfrei und die Seele krank.

Wenn die Seele erkrankt, äußert sich dieser Umstand zusätzlich in einer körperlichen Erkrankung oder Beeinträchtigung, und diese zweigleisige Disharmonie kann sich nur negativ auf unser Leben und unser Umfeld auswirken.

Herzenswünsche zu erkennen und ihnen zu folgen, ist also ein ganz wichtiger Bestandteil unserer Gesundheit und Zufriedenheit.

Wie sieht es nun aber in unserem privaten Umfeld aus? Wie steht es mit unserer eigenen Familie? Da haben wir doch offensichtlich keine Wahl! Schließlich können wir uns unsere Eltern, Kinder und Geschwister nicht aussuchen.

Abgesehen von der Tatsache, dass spirituell ausgerichtete Erkenntnisse sehr wohl davon ausgehen, dass wir uns unsere Familie vor unserer jeweiligen Inkarnation selbst aussuchen, so müssen wir doch immer wieder erfahren, dass die eigene Familie häufig ein Spielfeld für heftige Zerwürfnisse darstellt, wie wir in den vorangegangenen zwei Kapiteln bereits erkennen konnten.

Müssen wir dies nicht einfach akzeptieren, so wie es ist? Haben wir anhand solcher Erfahrungen tatsächlich eine Wahl, die Gegebenheiten und Gefühle positiv zu verändern?

Wie bereits beschrieben, haben wir diese Wahl sehr wohl, wenn wir erkennen, warum die Situation so verfahren ist und warum wir uns gegen diese extrem negativen Gefühle vermeintlich nicht wehren können.

Wenn wir einmal davon ausgehen, dass wir zu einer sehr großen Seelenfamilie gehören, die sich in den verschiedenen Leben auf unterschiedlichste

Weise immer wieder begegnet, dann stoßen wir auf viele ungelöste Konflikte und traumatische Erfahrungen, die wir noch nicht verarbeitet haben.

Unsere Wahlfreiheit besteht tatsächlich darin, diesen Umstand endlich zu verändern.
Wir versuchen, die allererste Ursache unserer Konflikte zu entdecken und unsere daraus resultierenden Glaubensmuster und meistens unangemessenen Glaubenssätze aufzuspüren. In Kenntnis der Ursache dieser Glaubensmuster können wir eine neue Betrachtungsweise wählen, und damit verändern sich unsere Gefühle innerhalb der Konfliktsituation.

Dies ist der Schlüssel zu tatsächlicher Heilung.

Beruf

6. Die Jagd nach dem Erfolg

Wie bereits angesprochen, nimmt bei den meisten Menschen eine „Arbeit" tagtäglich den größten Raum ein.
Bereits Schulanfänger werden mehrere Stunden täglich mit dem Begriff Lernen - Arbeit konfrontiert. Es ist die „zwangsweise Beschäftigung" mit Aufgaben, die später zwangsweise in einen Beruf führt.

Ich erwähne den Begriff „Zwang" gleich zweimal, weil wir in unserer Gesellschaft und unserem Kulturkreis diesbezüglich ganz eindeutig kaum eine freie Wahl haben.
Die meisten Menschen denken wahrscheinlich nicht über diese Tatsache nach, aber dieser sehr früh erlebte „Zwang" prägt unser Unterbewusstsein natürlich bereits stark. Alles, wozu wir gezwungen werden, bereitet uns in der Regel nur wenig Spaß!

Wenn wir, wie im vorigen Kapitel ausführlich beschrieben, unseren Beruf tatsächlich nach unseren Träumen, Visionen, unserer eigenen Wahrheit gewählt haben und ausfüllen, dann brauchen wir uns um die Freude und die Erfüllung in unserer Arbeit keine Sorgen zu machen.

Die meisten jedoch erleben Schule, Ausbildung und Beruf noch immer als ein unabänderliches „Muss" und versuchen daher, dieser Situation, der sie durch unser soziales und kulturelles System ausgeliefert sind, irgendeinen positiven Aspekt abzugewinnen.

Positive Aspekte werden unter anderem durch die Erfahrung von Wettbewerb, Anerkennung und Erfolg entstehen.
Diese Prinzipien können natürlich auch wieder von außen projiziert und verstärkt werden, was dazu führt, dass viele von uns den größten Teil des Tages bemüht sind, anerkannt und erfolgreich zu sein. Gelingt das in der Schule oder im Beruf nicht, dann versucht man, diesen Effekt über eine sportliche Betätigung zu erlangen.

Wie wir mit einem Erfolg, oder auch vermeintlichen Misserfolg umgehen, trägt ganz entscheidend dazu bei, wie wir uns fühlen. Ob wir zufrieden und glücklich sind, oder aber enttäuscht und unzufrieden.

An einem ganz einfachen, sich tagtäglich in unserem Berufsalltag abspielenden Thema „Wettbewerb" möchte ich Ihnen gern ein weiteres Beispiel für das Prinzip von Ursache und Wirkung geben.
Dieses Beispiel kann für nahezu alle Situationen des Berufslebens stehen, in denen es um Erfolg und Anerkennung geht.

Es ist ebenso anwendbar auf die Situation von Bewerbungen bei jedem beliebigen Arbeitgeber wie auch bei der Jagd nach erfolgreichen Abschlüssen in einer selbstständigen Tätigkeit.

Wir müssen uns also mit unseren Gedanken und Gefühlen etwas näher auseinandersetzen. Die Gedanken stehen an erster Stelle, weil sie in den meisten Fällen auch die Urheber unserer Gefühle sind.

Nehmen wir folgendes Beispiel:

In einer größeren, erfolgreichen Firma werden drei besonders qualifizierte Mitarbeiter aufgefordert, für einen bestimmten Betriebszweig Verbesserungsvorschläge einzureichen. Noch nicht detailliert, sondern lediglich als Idee. Alle drei sind sehr engagiert und liefern ein interessantes Konzept ab. Mit der Umsetzung dieses Projektes wurde auch eine Aufstiegsmöglichkeit angedeutet.
Nach einem entsprechenden Zeitraum werden die Bewerber von der Firmenleitung an einen Tisch gebeten, um ihnen mitzuteilen, auf wen die Wahl gefallen ist.
Nach Verkündung der Entscheidung sind die drei Bewerber den unterschiedlichsten Gefühlen ausgesetzt.

Der „Gewinner", nennen wir ihn Tom, strahlt sehr deutlich Freude, Zufriedenheit und auch Dankbarkeit aus.
Bewerber Nr. 2, Harry, steht die Enttäuschung ein wenig ins Gesicht geschrieben, und bei Bewerber

Nr. 3, Paul, kommt neben der Enttäuschung außerdem ein Gefühl der Zurücksetzung, der mangelnden Anerkennung, von Wut und Neid mit ins Spiel. Für ihn steht sofort fest, dass er es dem bevorzugten Kollegen künftig nicht leicht machen wird.

Nun könnte man meinen, dass diese unterschiedlichen Gefühle ohnehin nicht zu beeinflussen und irgendwie auch verständlich sind.
Genau hier beginnt unsere Suche nach der Ursache für diese abweichenden Gefühle. Dass der Gewinner sich in Hochstimmung befindet und sich auf die berufliche Herausforderung und Verbesserung freut, ist ziemlich einleuchtend. Nun werden Sie sagen, die Sache ist doch vollkommen klar. Die Ursache für die positiven Gefühle liegt eindeutig darin, dass dieser Mitarbeiter den anderen vorgezogen wurde. Die negativen Gefühle haben ihre Ursache in der Ablehnung.

So einfach ist die Sache aber nicht, wie wir nach Betrachtung der anderen beiden Anwärter noch sehen werden.

Paul wird sich mit seinen Emotionen am schlechtesten fühlen. Die Ablehnung sorgt mit dem Gefühl von Zurücksetzung, mangelnder Anerkennung, Neid und Wut nicht nur aktuell für einen Tiefpunkt, sondern wird sich auch zukünftig noch negativ auf sein Berufsleben auswirken.

Bewerber Nr. 2, Harry, reagiert gefühlsmäßig am neutralsten. Er empfindet kurzfristig eine leichte

Enttäuschung, kehrt aber recht schnell zu einer positiven Grundeinstellung zurück.

Weshalb fühlen und reagieren diese drei Kandidaten so völlig unterschiedlich?
Gefühle beeinflussen ständig und auf bedeutsame Weise unser Leben.
Warum haben diese Gefühle, denen wir vermeintlich machtlos gegenüberstehen, etwas mit unseren Gedanken und Glaubensmustern zu tun?
Das möchte ich Ihnen gern an dem Beispiel von Tom, Harry und Paul erläutern.

Warum empfindet Tom Freude, Zufriedenheit und Dankbarkeit? Er hätte doch auch ein Gefühl von Stolz, Überlegenheit und Genugtuung empfinden können.

Tom bringt sich selbst und anderen ehrliche Wertschätzung entgegen und ist davon überzeugt, stets sein Bestes zu geben. Er freut sich über jeden seiner Erfolge, denkt aber gleichzeitig, dass andere Menschen Erfolg genauso verdient haben wie er selbst.
Er hält Ausschau nach Herausforderungen, ohne ihnen nachzujagen. Er denkt nicht in der Kategorie „Sieg oder Niederlage". Er vertraut dem Fluss des Lebens und weiß, dass er seine Chance zum richtigen Zeitpunkt erhalten wird.
Mit dieser Einstellung ist er völlig unbelastet und könnte eine Absage mit den Gedanken „wer weiß, wozu das gut ist" völlig entspannt akzeptieren.
Weil er so über sich und das Leben denkt, kann er seinen Erfolg umso mehr genießen. Er wird als ein

bescheidener und liebenswerter Kollege auch in einer höheren Position anerkannt und beliebt bleiben.

Harry, Kandidat Nr.2, denkt über die Dinge ganz ähnlich wie Tom.
Darüber hinaus macht er sich klar, dass jede Medaille auch zwei Seiten hat. Mit der Aufstiegsmöglichkeit wäre auch mehr Arbeit und Verantwortung verbunden gewesen. Er hätte sich diese Variante zwar auch sehr gut vorstellen können, aber er ist gleichzeitig in der Lage, den Freiraum und die weniger hohen Ansprüche seiner alten Position sehr zu schätzen.
Seine nicht allzu große, aktuelle Enttäuschung wird sich schnell wieder in zufriedene Akzeptanz umwandeln. Wenn er seine aktuelle Arbeit nicht mögen würde, dann hätte er sich schon längst anders orientiert. So bleibt ihm die Gewissheit, dass seine Ablehnung keiner Niederlage gleichkommt, sondern vielleicht sogar einen positiven Aspekt enthält.

Mit dem Schicksal kräftig hadern wird hingegen Paul, unser Bewerber Nr. 3.
Er denkt, dass er vom Leben immer wieder benachteiligt wurde und dass er wesentlich glücklicher wäre, wenn er endlich eine Aufstiegschance bekäme. Er denkt auch, dass er es eher verdient hätte als andere, weil er schon so oft als Verlierer dagestanden hat. Er denkt weiter, dass eine höhere Position ihm mehr Macht und Selbstwertschätzung verschaffen könnte und ihn daher zu einem glücklicheren Menschen machen würde.

Paul versucht daher krampfhaft, jede sich bietende Chance zu nutzen, und schreckt auch nicht davor zurück, dies auf Kosten anderer zu tun.
Ist es so verwunderlich, dass er aufgrund seiner negativen Denkmuster auch nur negative Gefühle hervorbringen kann?
Das Empfinden von mangelnder Anerkennung, von Zurücksetzung, das Gefühl von Versagen, Neid, Wut und Ungerechtigkeit!

Hier beginnt ein Kreislauf, aus dem viele Menschen nur sehr schwer wieder herausfinden.
Voraussetzung ist, die eigenen Gedanken und Gefühle sehr genau zu analysieren. Wenn wir wirklich bereit sind, unseren Glaubenssätzen und damit unserer Denkweise eine andere Richtung zu geben, dann ändern sich auch unsere Gefühle.
Mit der Veränderung unserer Gedanken und dadurch beeinflusst auch der Veränderung unserer Gefühle ist es nur noch ein kleiner Schritt, das eigene Schicksal bewusst in die Hand zu nehmen und es positiv zu beeinflussen.
Da Harry und Tom sich auf der zufriedenen und positiven Seite bezüglich ihrer Gedankenmuster und Gefühle befinden, müssen wir uns Paul zuwenden und analysieren, warum er so denkt und fühlt, wie er es eben tut.
Man könnte meinen, er habe im Gegensatz zu den beiden anderen einfach mehr Pech im Leben oder aber negativere Charaktereigenschaften.
Genau an dieser Stelle müssen wir Pauls Reaktionen unbedingt aus einer ganz anderen Perspektive betrachten.

Unsere Denkmuster und Betrachtungsweisen ergeben sich immer aus der Vielzahl unserer jemals gesammelten Erfahrungen.

„Wenn du etwas Besonderes bist in deinem Leben, wenn du Erfolg, wenn du Macht über andere hast, dann kannst du ein glücklicher Mensch sein."

Vielleicht kommt dieses Denkmuster gar nicht von ihm allein, sondern er hatte in etlichen vorherigen Leben ähnlich denkende Eltern und Lehrer (Letztere nicht nur auf den schulischen Bereich bezogen), die mit ihrer Aussage immer wieder Druck auf ihn ausgeübt haben.
Vielleicht hatte er so nie die Chance herauszufinden, was ihn persönlich, unabhängig von der Meinung anderer, überhaupt glücklich machen könnte. Er hat vielleicht immer wieder krampfhaft versucht, den Anforderungen seiner Eltern und Lehrer gerecht zu werden. Vielleicht wurde ihm bereits bei seinem ersten vermeintlichen Misserfolg von außen signalisiert „du bist ein Versager", sodass er dies in Wiederholungsfällen irgendwann selbst von sich geglaubt hat.

„Das Schicksal ist ungerecht, die Menschen sind ungerecht, ich werde benachteiligt, mir ist es nicht vergönnt, glücklich zu sein."

Mit diesen in seinem Unterbewusstsein gespeicherten Glaubenssätzen spiegelt die Realität in seinem jetzigen Leben genau diese Gedanken wider. Die sich ständig wiederholende Erfahrung, irgendwie nie eine Chance zu bekommen, setzt

dann auch unweigerlich solche Gefühle wie Neid und Wut in Gang.
Wir haben es bei Paul also mit einer Vielzahl von negativen Gedanken und Gefühlen zu tun, die sein heutiges „Schicksal" negativ beeinflussen.

In ihm selbst liegt dabei nicht einmal die Ursache für seine destruktiven Gedanken und Gefühle. Sie sind durch sich ständig wiederholende negative Beeinflussung, falsche Denkmuster und Machteinflüsse von außen zustande gekommen.
Die einzige Schwäche, die er sich selbst zuschreiben muss, liegt wahrscheinlich darin, dass er sich den Vorstellungen anderer Menschen zu oft untergeordnet hat. Meistens in dem Glauben, sie hätten eben mehr Erfahrung oder auch das Recht, ihn zum Erfolg zu drängen.
Natürlich ist diese Erklärung nicht in jedem ähnlichen Fall von Ablehnung und Misserfolg am Arbeitsplatz zutreffend. Es gibt eine Vielzahl von möglichen Ursachen, und die können wir nur erkennen, wenn wir nach der Ursache „hinter der Ursache" suchen.

Ablehnung und Misserfolg sind in der Regel nicht die tatsächliche Ursache für negative Reaktionen. Es sind auch nicht die Gedankenmuster, Glaubenssätze und damit verbundenen Gefühle. Die erste Ursache liegt in der Wiederholung unserer Erfahrungen, die weit vor diesem jetzigen Leben begonnen und dann die Glaubensmuster und Gefühle in Gang gesetzt haben.
Schlechte Erfahrungen sorgen in unserem Unterbewusstsein für ein meist unbemerktes Denk-

muster, einen einschränkenden oder falschen Glaubenssatz:

„Wahrscheinlich habe ich es nicht verdient!
Andere sind eben fähiger als ich!
Ich bin es nicht wert, ich muss mich der Vorgabe sogenannter Respektspersonen beugen, ich habe ohnehin keine Chance."

Wenn sich solche Glaubenssätze in unser Unterbewusstsein eingeschlichen haben, dann müssen wir uns einfach schlecht fühlen.
Dann erwarten wir natürlich immer wieder eine Niederlage und genau diese Situation spiegelt sich in unserem Leben wider.
Was genau könnte Paul nun tun, um aus diesem Negativkreislauf herauszukommen?
Er könnte sich die Zeit nehmen und in aller Ruhe seine Gedanken und Gefühle zu dieser konkreten Situation aufschreiben. Dies setzt absolute Ehrlichkeit sich selbst gegenüber voraus.

„Wie fühle ich mich wirklich? Was denke ich über mich selbst, was könnte bezüglich sich wiederholender Situationen die Ursache für solche Gedanken sein?" Es ist hilfreich zu akzeptieren, dass diese Ursachen meist in früheren Leben zu finden sind.

Der nächste Schritt wäre, genau zu durchleuchten, ob man zu diesen Gedanken und Gefühlen wirklich steht. Ob sie einem dienlich sind, ob man sich mit ihnen wohlfühlt.

Wenn nicht, dann kann man jederzeit für sich die Entscheidung treffen, ab sofort über sich selbst und die jeweilige Situation anders zu denken. Hat man damit Schwierigkeiten, könnte man auch eine(n) gute(n) Freund(in) zu Rate ziehen, um gemeinsam zu erkunden, welche Gedanken in diesem speziellen Fall hilfreich wären.

Wenn diese positiven Ansätze entdeckt werden, ist es möglich, die alten Muster komplett ziehen zu lassen. Dann sind auch sogenannte Affirmationen und mentales Training absolut hilfreich, weil die blockierende Ursache erkannt und losgelassen wurde.
Paul könnte seine Glaubenssätze folgendermaßen korrigieren:
„Ich vertraue mir selbst und meinen Fähigkeiten.
Ich habe eine Chance auf Erfolg verdient, wie andere auch.
Es gibt, neben dem beruflichen Erfolg, noch viele wichtige Dinge im Leben.
Ich sehe in jeder Enttäuschung auch einen positiven Aspekt."

Diese neuen Glaubenssätze könnte Paul sich regelmäßig selbst vorlesen, sie an seinen Kühlschrank heften, auf den Nachttisch legen...
Solche Sätze werden unweigerlich nach einer bestimmten Zeit tief in sein Unterbewusstsein eindringen. Sie sind dort genauso willkommen wie die alten Glaubensmuster, denn dem Unterbewusstsein ist es egal, was es programmiert. Wichtig ist nur, dass wir absolut konsequent sind in unserer Neuprogrammierung. Wir müssen sofort erkennen,

wenn sich eines dieser unbeliebten alten Muster wieder einschleichen möchte.
Warum besteht diese Gefahr? Weil wir Jahrzehnte, Jahrhunderte, vielleicht sogar Jahrtausende diese alten Glaubenssätze bei uns gehütet haben.
Dies ist eines der größten Probleme für fast jeden Menschen:
Woran er sich einmal gewöhnt hat, das gibt er nur sehr ungern wieder her.
Es ist an der Zeit, dies endlich zu verändern.

Fassen wir zusammen, warum Paul sich in der beschriebenen Situation schlecht fühlt, warum sich in seinem Leben vermeintlich immer wieder der Misserfolg einschleicht, und wie er aus diesem Kreislauf ausbrechen kann:

Gefühle sind abhängig von unseren Gedanken. Was wir über uns oder eine Situation denken, das beeinflusst unsere Gefühle.
Wir müssen zuerst herausfinden, WAS wir denken und fühlen. Uns trifft meistens keinerlei Schuld, wenn wir negativ denken, da unsere vielfältigen Erfahrungen ganz automatisch Gedanken- und Glaubensmuster erzeugen. Hinzu kommen die Gedanken- und Glaubensmuster anderer Menschen, die uns unbemerkt aufgedrängt werden.

Wenn wir unsere negativen Gedankenmuster erkannt haben, können wir sie durch eine positive Umprogrammierung ersetzen.
Über die Neuprogrammierung unseres Unterbewusstseins mit diesen neuen positiven Gedankenmustern ändern sich unsere Gefühle, und

mit Veränderung unserer Gedanken und Gefühle verändern sich die Begebenheiten und Situationen unseres Lebens.

Wir erkennen und erfahren das Gesetz der Resonanz, das unweigerlich auf positive Gedanken, Gefühle und Erwartungen auch positive Resultate in unser Leben zieht.

Das klingt zu schön, um wahr zu sein?
Dann fangen Sie doch einfach an, es auszuprobieren! Ich behaupte nicht, dass es leicht ist, auf diese Weise sein Leben zu verändern. Ich behaupte nur, dass es keine andere Möglichkeit gibt.

Mit folgender „Wahrheit" werde ich Sie in diesem Buch noch häufiger konfrontieren:
Gedanken und Gefühle sind eine Form von Energie, und zwar einer unvorstellbar starken Energie.

Das Gesetz der Resonanz ist ein überall zu beobachtendes kosmisches Prinzip. Es reagiert auf Gedanken und Gefühle und erschafft auf diese Weise unsere sogenannte Realität.
„Sogenannte" Realität, weil jeder von uns schon die Erfahrung gemacht hat, dass das, was wir für wahr und real halten, manchmal nicht im Entferntesten der tatsächlichen Realität entspricht.
Was wir für real halten, das zeigt sich in unserer Realität, und da erscheint es doch ausgesprochen sinnvoll, zumindest alle negativen Gefühle danach zu hinterfragen, ob sie tatsächlich real sind. Wir erkennen das, indem wir nach dem Gedanken hinter

dem Gefühl fragen, und auf diese Weise finden wir heraus, ob es real ist. Ob wir es zu unserer Realität machen sollten.

Beruf

7. Mangelnde finanzielle Fülle

Da die finanzielle und materielle Fülle sich in den meisten Fällen durch unseren Beruf, unsere Arbeit ergibt, beschäftigen wir uns unter dem Hauptthema „Beruf" zunächst mit dieser Form von Fülle.

Unbestreitbar ist natürlich eine emotionale Fülle mindestens ebenso, wenn nicht um einiges erstrebenswerter als eine finanziell-materielle Fülle.
Wir wären jedoch nicht ehrlich, wenn wir behaupteten, das eine hätte mit dem anderen überhaupt nichts zu tun.

Grundsätzlich trägt wohl jeder Mensch den Wunsch in sich, in einer finanziellen und materiellen Fülle zu leben. Die Vorzüge eines solchen Lebens müssen wir nicht extra erwähnen.
Entscheidend bei diesem Wunsch nach Fülle ist aber ganz eindeutig die Vorstellung, was Fülle überhaupt bedeutet. Das wird jeder Mensch für sich selbst entscheiden müssen, wobei das Maß an Fülle dennoch ausgesprochen wichtig scheint.
Wenn der Wunsch nach dieser Fülle maßlos wird, in unangemessene Gier nach völlig übertriebenem

Reichtum ausartet, dann können wir sicher nicht erwarten, dass uns diese Fülle dann auch glücklich machen wird. Im Gegenteil, es wird sich sehr schnell ein Gefühl von emotionaler Leere einstellen.

Wir erkennen, dass wir womöglich nur des Geldes wegen anerkannt und beliebt sind. Wir haben nur wenige oder gar keine echten Freunde, und die Zurschaustellung von Prestigeobjekten kann, wenn überhaupt, nur ein sehr kurzes Glücksgefühl vermitteln. Der Besitz allein macht also nicht glücklich, sondern das, was wir über eine finanziell-materielle Fülle erreichen und erfahren können. Die größte Freude stellt sich diesbezüglich ganz sicher immer wieder dann ein, wenn wir mit dieser Fülle nicht nur uns selbst, sondern auch anderen eine Freude bereiten können.
Also, finanzielle Fülle und materielle Werte sind sehr wohl erstrebenswert. Aber wie überall im Leben bringen eine Übertreibung zur einen Seite, eine Beschneidung zur anderen Seite hin negative Gefühle und Erfahrungen mit sich.

Betrachten wir nun einen Menschen, der sich schon über viele Jahre in Bescheidenheit übt, weil seine Wünsche und Bemühungen um eine materielle Fülle nicht erfüllt wurden beziehungsweise fehlgeschlagen sind.
Schauen wir auf das Leben einer Frau namens Maggie. Sie ist weit davon entfernt, in Armut zu leben, aber der Begriff „Fülle" ist bei ihr dennoch ausgesprochen unangebracht.

Maggie ist von Natur aus ein sehr bescheidener und hilfsbereiter Mensch. Sie findet zu Recht, dass Bescheidenheit eine positive Eigenschaft darstellt.

Maggie war strebsam in der Schule und hat es dort ebenso wie bei ihrem späteren Architekturstudium zu einem sehr ansehnlichen Abschluss gebracht. Sie ist ein gewissenhafter und feinfühliger Mensch, der wenig Wert auf Äußerlichkeiten legt. Ein gepflegtes Äußeres ist ihr schon wichtig, aber sie unternimmt keinerlei Anstrengungen, um besonders reizvoll, auffällig oder elegant zu erscheinen.

In vielen äußeren Umständen spiegelt sich ihre Bescheidenheit wider.
Aufgrund ihrer besonderen Fähigkeiten und ihres guten Examens wurde sie als dritte Mitarbeiterin von zwei männlichen Kollegen für ein Architekturbüro ausgewählt.
Das Team arbeitet an einigen Projekten gemeinsam, aber die meisten Aufträge werden einzeln angenommen und bearbeitet. Dadurch ergeben sich für die drei Architekten sehr unter-schiedliche Arbeitsbereiche und Abrechnungsmöglichkeiten, die durch die individuelle Auftragslage entstehen.

Maggie arbeitet in diesem Büro mit denselben Kollegen schon über viele Jahre. Aber wenn sie am Jahresende ihren Verdienst mit denen der beiden Kollegen vergleicht, dann hat sie grundsätzlich ein wesentlich geringeres Einkommen zu verbuchen als die beiden anderen Architekten.

Nun könnte man meinen, dass es ihr für einige Projekte vielleicht doch an Kompetenz mangelt, aber dem ist nicht so. Ganz im Gegenteil: Sowohl bei den Team-Projekten als auch bei den individuellen Aufträgen wird Maggie immer wieder gern um Rat gefragt, da sie ausgesprochen kreativ und innovativ zu arbeiten versteht. Salopp ausgedrückt ist Maggie das „beste Pferd im Stall", aber diese Tatsache spiegelt sich leider nicht in ihrem Einkommen wider.

Merkwürdigerweise landen bei ihr häufig jene Projekte, die mit einer geringeren Verdienstmöglichkeit veranschlagt werden, derweil die beiden männlichen Kollegen „die großen Fische an Land ziehen".

Maggie hat sich mit dieser Tatsache längst abgefunden und ihren Traum von einer modernen, besonders schön gelegenen Eigentumswohnung längst ad acta gelegt – ebenso ihren Wunsch nach einem neuen Auto, und daher fährt sie weiterhin ihren zehn Jahre alten, noch gut intakten Mittelklassewagen.

Ihren dreiwöchigen Urlaub verbringt sie, wie in jedem Jahr, an der Nord- oder Ostsee, wobei ihr Traum von einem längeren Urlaub in Neuseeland ebenfalls in weite Ferne gerückt ist.

Ihre Kollegen, die die gleiche Arbeit leisten wie sie, können schon eher mit dem Begriff von finanzieller und materieller Fülle in Zusammenhang gebracht werden.

Sie sorgen beide für eine Familie, besitzen ein schmuckes Häuschen, fahren das neueste Modell einer gehobenen Automarke und genießen zweimal pro Jahr eine Auszeit in einem ganz besonderen Urlaubsparadies.

Was könnte nun ganz konkret der Grund dafür sein, dass Maggies Einkünfte soviel bescheidener ausfallen als die Einkünfte ihrer beiden Kollegen?
An erster Stelle wäre Maggies Bescheidenheit zu nennen, die in diesem Fall einfach übertrieben und nach Betrachtung ihrer Fähigkeiten auch keinesfalls angemessen erscheint.
Sie umgibt sich mit bescheidener Kleidung, bescheidenen Gebrauchsgegenständen, einem bescheidenen Lebensstil.
Da sie in ihrem Unterbewusstsein dieser Bescheidenheit einen hohen Stellenwert zuspricht, zieht sie ganz automatisch immer wieder dieselben, im wahrsten Sinne „bescheidenen" Umstände in ihr Leben.

Nun könnte man diese Muster aufzeigen und versuchen ihr klarzumachen, dass die Einkommenslage in ihrem Büro einfach ungerecht verteilt ist.
Man könnte sie in ihrer Selbstwertschätzung unterstützen und ihr anraten, sich auf keinen Fall weiterhin unter Wert zu verkaufen.
Man könnte ihr auch anraten, ihren wiederum „bescheidenen Wunsch" nach finanzieller und materieller Fülle zu intensivieren und zu stärken, um ihn endlich über ein mentales Training und geeignete Affirmationen in ihr Leben ziehen zu können.
Dies wäre sicherlich die Grundlage einer allgemein üblichen psychologischen Beratung.

Was aber, wenn die Umsetzung all dieser Notwendigkeiten nur wenig Wirkung zeigt, wenn sie ihre falsche Bescheidenheit genügend durchleuchtet und versucht hat abzulegen, wenn sie die Kollegen freundlich aber bestimmt auf die ungerechte finanzielle Verteilung aufmerksam macht, das mentale Training und die Affirmationen regelmäßig einsetzt und dennoch keine Veränderung in ihr Leben eintritt?

Dann ist es unumgänglich, auch hier wiederum nach dem Grund, nach der ersten Ursache zu forschen. Warum hat Maggie diesen übertriebenen unbewussten Hang zur Bescheidenheit, die ihrem Wunsch nach Fülle natürlich eindeutig im Wege steht?

Da in diesem Leben keine Anhaltspunkte für dieses Verhaltensmuster zu finden sind, unterzieht sich Maggie einer „karmischen Rückführung", die bei einem entsprechend geschulten Therapeuten auch ohne Hypnose in einem entspannten, meditativen Zustand möglich ist.

Folgende Bilder und Ereignisse entstehen während der Rückführung vor Maggies geistigem Auge:

Es ist ein warmer, wolkenloser Nachmittag im April oder Mai, und eine ländliche Umgebung mit einer leicht hügeligen, weitläufigen Landschaft eröffnet sich mit frühlingshaftem Charme.
Bäume, Blumen und Gräser voller Farben und Gerüche stehen bereits in voller Blütenpracht. Bei näherem Hinschauen ist ein riesiges Landgut zu

erkennen, das der Bauweise nach und aufgrund der Bekleidung und Trachten der nun nach und nach auftretenden Bewohner einen deutlichen Hinweis auf Spanien gibt. Eine genaue Zeitangabe bleibt aus, aber es dürfte sich um das 18. Jahrhundert handeln.

Maggie spürt, dass es sich hier um ihr eigenes Zuhause handelt.
Ihre Familie besitzt ein prächtiges Anwesen, und sie lebt dort mit ihren Großeltern und ihrem Vater in großem Wohlstand.
Maggie ist die einzige Tochter und wird, seit dem Tod ihrer Mutter von ihrem Vater maßlos verwöhnt und vergöttert. Er liebt seine Tochter sehr, versucht ihr jeden Wunsch von den Augen abzulesen, und beschenkt sie häufig mit liebevollen und wertvollen Aufmerksamkeiten.
Maggies Beziehung zu ihrem Vater ist auch von ihrer Seite aus ganz besonders innig.

Bereits als Maggie noch sehr klein war, bestand zwischen Vater und Tochter eine ganz besondere Bindung, die sich nach dem Tod der Mutter noch intensiviert hat.
Der Wohlstand von Maggies Familie ist weithin bekannt, aber es gibt auch viele sehr arme und bescheiden lebende Menschen in dieser Region. Voller Neid missgönnen sie häufig solchen Großgrundbesitzern den deutlich zur Schau gestellten übertriebenen Reichtum.

Zu Maggies 15. Geburtstag hat ihr Vater ein großes, aufwendiges Fest geplant und zu ihrer und der

Unterhaltung der Gäste auch einige Künstler und Gaukler eingeladen. Diese sollen das Publikum mit abwechslungsreichen Darbietungen unterhalten.
Die Geburtstagsgesellschaft sitzt an einer langen, weiß gedeckten und reich geschmückten Tafel, die auf Maggies Wunsch hin auf einem Wiesenstück zwischen einzelnen, prächtig blühenden Orangenbäumen aufgestellt wurde.
Dieser Gartenteil ist von einer Natursteinmauer geschützt und grenzt direkt an die Rückfront des Haupthauses, das durch einen Hintereingang betreten werden kann.

Das Fest ist bereits in vollem Gang, und die Geburtstagsgesellschaft verfolgt neugierig die spannenden Darbietungen eines schwarz gekleideten Zauberers. Plötzlich reißt dieser blitzschnell seinen Umhang vom Körper und springt mit einem gezückten, funkelnden Messer direkt auf Maggie zu. Die Gesellschaft verfolgt atemlos das Geschehen, wagt aber nicht, auf irgendeine Weise einzugreifen. Mit dem Messer an Maggies Kehle fordert der falsche Zauberer ihren Vater auf, einige seiner Komplizen, die sich sofort zu erkennen geben, zur Schatzkammer des Landgutes zu führen. Vor den Augen der übrigen Gaukler und Bediensteten ziehen mehrere Männer ihre Waffen. Sie geben ihre Tarnung auf und halten die anderen Gäste in Schach.
Maggies Vater ist so voller Sorge um das Leben seiner Tochter, dass er der Aufforderung der Diebe ohne jede Weigerung nachkommt und einen Teil der bewaffneten Männer durch den Hintereingang mit in sein Haus nimmt.

Gut getarnt hinter einem lebensgroßen Gemälde verbirgt sich die Tür zur besagten Schatzkammer und die Diebe stopfen an Schmuck, Gold und anderen Wertgegenständen so viel in ihre mitgebrachten sackähnlichen Behältnisse, wie sie überhaupt nur tragen können.
Die übrigen Gäste sind wie gelähmt, es herrscht eine atemlose Stille, aber um Maggies Leben nicht zu gefährden, wagt keiner der Anwesenden, sich einzumischen. Als die Männer grölend die wertvollen Schätze auf ihre hinter dem Stall versteckten Karren aufgeladen haben, lässt der Mann mit dem Messer von Maggie ab.
Ihr Vater hat jedoch keine Gelegenheit mehr, über diesen Rückzug Erleichterung zu verspüren.
Im selben Atemzug dreht sich nämlich der vermeintliche Zauberer blitzschnell und mit einem triumphierenden Schrei zum Vater um und stößt ihm das Messer tief in die Brust.
Mit hämischer und grölender Stimme schleudert er ihm seine Worte entgegen: „Und das war deine letzte Schatzkammer, die du auf Kosten der Armen gefüllt hast!"

Die kleine Gruppe der Diebe ist genauso schnell wieder verschwunden, wie sie sich urplötzlich zu erkennen gegeben hatte.
Keiner der Gäste und übrigen Bediensteten nimmt die Verfolgung der Männer auf, da sie vor Entsetzen und Angst wie gelähmt sind. Sie versuchen, sich um den Hausherrn, seine schwere Verletzung und um die unter Schock stehende Maggie zu kümmern. Maggies Vater ist mit einem stöhnenden Laut und weit aufgerissenen Augen

direkt vor der Festtafel zusammengebrochen. Man hat Kissen und saubere Tücher besorgt, und einer der Gäste, offensichtlich heilkundig oder ein Arzt, untersucht die Wunde in der direkten Herzgegend.
Er schüttelt jedoch kaum merklich den Kopf, und so setzt sich Maggie, totenbleich und wie versteinert, mit ihrem wunderschönen Geburtstagskleid mitten ins Gras. Sie versucht, den Oberkörper ihres Vaters zu stützen. Die zartblaue Farbe ihres Kleides wird in wenigen Sekunden mit dem tiefroten Blut des Vaters getränkt.
Maggie ist vollkommen erstarrt. Sie wagt nicht, in die Augen ihres geliebten Vaters zu sehen, sondern sie schaut mit starrem Blick auf den sich stetig vergrößernden Blutfleck auf ihrem Rock.
Mit einer winzig kleinen Vor- und Rückbewegung wiegt sie ihn, wie ein kleines Kind, ganz sacht in ihren Armen. Er greift noch einmal suchend nach ihrer Hand und versucht etwas zu sagen, aber Maggie kann nur noch ein gurgelndes Röcheln wahrnehmen. Dann sackt ihr Vater in sich zusammen und es tritt eine unwirkliche, beängstigende Stille ein.

Alle unterdrückten Gefühle von Ohnmacht, Hilflosigkeit, Hoffnungslosigkeit, Zorn, Wut, Hass und Trauer brechen unter Tränen aus Maggie hervor. Sie braucht eine ganze Zeit, um diese Bilder loszulassen und wieder in der Realität anzukommen.
Auch wenn es sich um keinen leichten Prozess handelt, so ist es doch eine riesengroße Befreiung, diese unterdrückten Gefühle endlich aus ihren Schubladen zu befreien.

Die Ursache für Maggies mangelnde finanziell-materielle Fülle in diesem Leben erhält plötzlich ein vollkommen anderes Gesicht, scheint nachvollziehbar und einleuchtend.
Aufgrund ihrer Erfahrungen in jenem vergangenen Leben hat Maggies Unterbewusstsein einen für sie vermeintlich logischen Glaubenssatz geprägt:

„Reichtum steht mir nicht zu. Wenn ich mich dennoch mit Reichtum umgebe, dann zieht dieser Besitz unermessliches Leid nach sich. Nicht nur Leid für mich selbst, sondern noch viel schlimmer auch Leid für jene Menschen, die ich am meisten liebe. Reichtum bedeutet zudem Ungerechtigkeit und ist unweigerlich mit leidvollen Erfahrungen verknüpft."
Dies ist eine ganz typische Blockade, ein ungelöster seelischer Konflikt, der durch eine völlig unbewusste Fehleinschätzung und Reaktion des Unterbewusstseins auf das Erlebte entstanden ist.

Maggie wird jetzt nicht weiter ihre Aufmerksamkeit auf das bloße Heranziehen von Fülle lenken. Sie wird vielmehr ihre Blockade auflösen, indem sie ihre Gedankenmuster dahingehend umwandelt, dass sie Reichtum und Fülle mit positiven Ereignissen in Zusammenhang bringt.
Sie könnte folgende Sätze für sich neu programmieren:

Jeder verdient es, in finanzieller und materieller Fülle zu leben.

Fülle erschafft nur Gutes für mich selbst und für andere.

Fülle beeinflusst mein Leben stets positiv.

An diesem Beispiel wird überdeutlich, warum wir häufig bestimmte Wunschvorstellungen in unserem Leben nicht umsetzen können.

Es liegt nicht am sogenannten Schicksal, an den äußeren Bedingungen, an der ungerechten Behandlung durch andere.

Der Schlüssel liegt in uns selbst, und diesen gilt es nicht nur zu finden, sondern wir müssen dann mit jenem Schlüssel auch noch in der Lage sein, eine für uns vollkommen neue Tür zu öffnen.

Dies erfordert immer etwas Geduld und Beharrlichkeit, aber wenn wir den Schlüssel einmal in der Hand halten, dann wird er über kurz oder lang auch in das neue Schloss passen.

Beruf

8. Ungerechte Behandlung

Ungerechtigkeit ist ein Phänomen, das uns in unserem Leben an den unterschiedlichsten Schauplätzen immer wieder begegnet.
Besonders häufig werden wir mit verschiedenen Formen von Ungerechtigkeit an unserem Arbeitsplatz konfrontiert.
Ich möchte nicht von den vielen kleinen, wenig bedeutungsvollen Ungerechtigkeiten sprechen, sondern über schwerwiegende Ungerechtigkeit, die von manchen Menschen geradezu magisch angezogen wird.
Jene, die sich selbstlos einsetzen, immer ein offenes Ohr für die Probleme der anderen haben und ausgesprochen hilfsbereit sind. Menschen, auf die Verlass ist, die für ein wichtiges Vorhaben auch ihre eigenen Bedürfnisse zurückstecken und die meistens über eine sehr vertrauensvolle und positive Grundstimmung verfügen.

Man sollte meinen, dass jeder Vorgesetzte und Kollege solche Mitarbeiter zu schätzen weiß. Es heißt zudem: Was wir säen, das ernten wir auch. Und danach müssten solche Menschen für ihr selbst-

loses, hilfsbereites und freundliches Verhalten eigentlich regelmäßig belohnt werden.
Leider erfahren wir in der Realität sehr oft das absolute Gegenteil.
Ich möchte dies gern am Beispiel der Klientin Johanna aufzeigen.

Sie arbeitet als Sachbearbeiterin seit nunmehr 28 Jahren in einem internationalen Konzern. Sie hat in dieser Firma bereits ihre Ausbildung absolviert, und aufgrund ihres Fleißes und ihrer Sachkompetenz wurde ihr vor einigen Jahren eine leitende Position angeboten. Seitdem ist sie für ein kleines Vier-Personen-Team verantwortlich. Johanna ist mit allen eingangs beschriebenen positiven Charaktereigenschaften ausgestattet, und ihre Kollegen können sich glücklich schätzen, zu ihrem Team zu gehören.
Wenn jemand Schwierigkeiten mit der Umsetzung des Arbeitsauftrags hat, dann bietet Johanna ihre Unterstützung sogar außerhalb der Arbeitszeit an, wenn etwa für eine gründliche Erklärung, Aufarbeitung oder Umsetzung eines Projektes während der regulären Arbeitsphase nicht genügend Zeit bleibt.
Benötigt ein Kollege einen freien Tag, möchte zu einer ganz bestimmten Zeit seinen Urlaub nehmen, sich von einer Krankheit gründlich auskurieren, Johanna versucht, das zu regeln. Um den Kollegen zu helfen, macht sie Überstunden, übernimmt zusätzliche Arbeit, verschiebt unter Umständen ihren eigenen Urlaub und schleppt sich selbst trotz starker Erkältung ins Büro, damit sich die Mitarbeiterin weiter erholen kann.

In einer anderen Abteilung wird eine neue Vorgesetzte eingestellt, die sich das entsprechende Fachgebiet über ein Studium und nicht über eine praktische Ausbildung, wie Johanna, angeeignet hat.
Johanna hat großen Respekt und Bewunderung für diese imponierende intelligente, noch sehr junge Frau.
Trotz aller Sachkompetenz fühlt sich Johanna neben dieser Frau häufig klein und nicht intelligent genug. Sie selbst kommt aus sehr bescheidenen und einfachen Verhältnissen. Ihr Vater hatte einen handwerklichen Beruf und war ausgesprochen streng. Die Mutter durfte nicht arbeiten und musste sich ausschließlich um das Haus und die Familie kümmern, was allerdings mit genügend Arbeit verbunden war.

Obwohl Johannas schulische Leistungen ausgesprochen vielversprechend waren, durfte sie nur die Realschule besuchen, da ihr Vater der Meinung war, ein Studium sei unnütz für eine Frau und koste außerdem zu viel Geld. Auch Johannas Mutter konnte sich gegen ihren Mann nicht durchsetzen.
Über die Beziehung zu einem Kollegen hatte Johannas Vater ihr dann den Ausbildungsplatz in dem Unternehmen besorgt, bei dem Johanna noch heute arbeitet. Sie ist zufrieden und hat selten darüber nachgedacht, ob ihre schulische und dann berufliche Laufbahn vielleicht auch eine ganz andere Richtung hätte nehmen können.

Eines Tages wendet sich die neue, studierte Vorgesetzte der Nachbarabteilung an Johanna mit

einem ganz bestimmten Anliegen. Die Firmenleitung hatte die neue Mitarbeiterin um eine Stellungnahme für ein besonders schwieriges Verfahren bei der Zollabwicklung der In- und Exportgeschäfte gebeten.
Johanna hat auf diesem Spezialgebiet sehr viel Erfahrung und fühlt sich ausgesprochen geehrt, als die neue, studierte Kollegin sie um Hilfe bittet.
Auch in diesem Fall arbeitet Johanna mit eben dieser Kollegin viele Stunden außerhalb der regulären Arbeitszeit. Sie hilft ihr, sich in dieses komplexe Thema einzuarbeiten. Gemeinsam entwickeln sie ein ausgezeichnetes Konzept, das anschließend der Firmenleitung unterbreitet wird.

Nach Beendigung der gemeinsamen Arbeit bricht die neue Vorgesetzte den Kontakt zu Johanna wieder ab und beschränkt sich von da an lediglich auf mehr oder minder freundliche Begrüßungen. Johanna würde sehr gern erfahren, wie ihre gemeinsame Ausarbeitung in der Chefetage aufgenommen wurde, aber sie traut sich nicht zu fragen.

Anlässlich der Verabschiedung des langjährigen Mitarbeiters, für den jene neue Abteilungsleiterin eingesetzt wurde, werden nicht nur die Leistungen des ausscheidenden Kollegen in höchsten Tönen gelobt, sondern insbesondere auch die Einstiegsarbeit der neuen Kollegin. Offenbar hat ihr (Johannas) Konzept die Chefetage über die Maßen beeindruckt, und der sehr große Anteil von Johannas Mitarbeit wurde mit keinem einzigen Wort erwähnt.

Johanna musste mit ansehen und anhören, wie die Vorgesetzten der neuen Kollegin höchstes Lob aussprachen, obwohl sie ohne die Hilfe Johannas diese Ausarbeitung überhaupt nicht hätte anfertigen können.
Dieses Gefühl kennt Johanna nur allzu gut. Sie ist hilfsbereit, opfert viele Stunden ihrer Freizeit und ist in hohem Maße beteiligt an einem erfolgversprechenden Projekt.
In diesem Erfolg sonnen sich dann aber immer wieder die anderen, die eigentlich wesentlich weniger zu dem Erfolg beigetragen haben.
Es gibt weder Dankbarkeit noch Anerkennung. Johannas Einsatz wird einfach verschwiegen und sie selbst denkt, sie habe nicht das Recht, die Dinge klarzustellen. Außerdem hätte sie niemals den Mut, für Gerechtigkeit einzutreten, wenn es um ihre eigene Person geht.

Ich denke, viele von uns waren selbst schon einmal in einer ähnlichen Situation, oder haben dies im Kollegenkreis mit anschauen müssen.
Diese Art von tiefgreifender Ungerechtigkeit sorgt bei einigen Menschen für unterdrückte Wut und bei anderen für eine stille Resignation. Das Erdulden und Erfahren von Ungerechtigkeit gehört natürlich nicht nur in unseren Berufsalltag, Auch in der Familie, dem Freundeskreis und unserer Beziehung werden wir oft mit der unangenehmen Erfahrung von Ungerechtigkeit konfrontiert.

Ist das Erfahren von Ungerechtigkeit also eine ganz normale Alltagssituation, der wir zwangsläufig immer wieder ausgesetzt werden?
Die Antwort lautet ganz entschieden: NEIN!

Erstaunlicherweise werden sich Menschen, die mit Ellbogen-Mentalität recht egoistisch und machtbestrebt ihr Ziel verfolgen, nur sehr selten in ungerechten Situationen wiederfinden, weil sie selbst diejenigen sind, die Ungerechtigkeiten anzetteln und nicht wahrnehmen wollen.

Was also ist zu tun, um ungerechte Behandlung weitestgehend von sich fernzuhalten? Ganz einfach: Wir müssen uns an eine sehr wichtige Eigenschaft erinnern, die sehr häufig, gerade auch bei Frauen, in vielen früheren Leben verlorengegangen ist. Diese Eigenschaft heißt MUT!
Es ist allzu leicht, einen Menschen mit wenig Selbstwertschätzung und geringer Selbstachtung wieder und wieder ungerecht zu behandeln. Diese Menschen klagen dann über Demütigung, Erniedrigung, Verletzung. Es sind aber nicht die anderen, die uns demütigen, erniedrigen und verletzen, sondern das tun wir selbst, weil wir uns einfach nicht zur Wehr setzen und solch eine Behandlung zulassen.
Diese Mutlosigkeit ist jedoch nicht, wie viele von sich glauben, eine Charakterschwäche, sondern sie hat definitiv eine ganz eindeutige Ursache.
Wenn nun also, wie in unserem Beispiel, Johanna in mehreren ihrer Vorleben die Position einer Bediensteten, einer Sklavin, einer patriarchalisch unterjochten Ehefrau hatte, dann ist es nicht ver-

wunderlich, dass ihr der Mut abhanden gekommen ist. In solchen früher gelebten Situationen hätte eine mutige Gegenwehr sicherlich mit einer schweren Bestrafung, Folter, vielleicht sogar mit dem Tod geendet.

Es ist also nicht unbedingt ein Zeichen von Schwäche, wenn ein Mensch nicht mutig ist, sondern es ist oftmals die intelligente Entscheidung unseres Unterbewusstseins, das sich nicht freiwillig schwerwiegenden Konsequenzen aussetzen möchte.

Wenn Johanna diese Zusammenhänge begreifen könnte, dann würde sie sich wahrscheinlich nicht länger klein und hilflos fühlen.
Sie wüsste, dass ihre Mutlosigkeit die Folge von früheren Erfahrungen ist. Sie würde auch sehen können, dass sie heute in einer ganz anderen Zeit und in einem anderen kulturellen Umfeld lebt. In einer Zeit und einer sozialen Struktur, in denen mutiges „Sich zur Wehr setzen" häufig auch als positiver Aspekt angesehen wird.
Allein die Umkehr ihrer Betrachtungsweise würde Johanna einen großen Teil ihres Selbstwertgefühls zurückgeben.
Johanna könnte auch im Nachhinein jene neue Abteilungsleiterin um ein Gespräch bitten und ihr unmissverständlich klarmachen, dass sie nicht weiterhin gewillt ist, ihre wertvolle Unterstützung an dem besagten Projekt unbemerkt und ungeachtet zu lassen. Sie könnte die Kollegin bitten, das diesbezügliche Versäumnis in der Chefetage zu korrigieren.

Sollte die Abteilungsleiterin sich sträuben, dies zu tun, könnte Johanna darauf hinweisen, dass sie durchaus gewillt ist, bei diesem Versäumnis auch selbst aktiv zu werden.

Des Weiteren sollte Johanna ihr eigenes Team klar und deutlich darauf hinweisen, was sie selbst für eine gerechte und faire Arbeitssituation hält. Dass zukünftig nicht nur sie allein gewillt ist, auf die Bedürfnisse ihrer Kollegen Rücksicht zu nehmen. Sie wird ihrem Team klarmachen, dass sie diese Rücksichtnahme und Hilfsbereitschaft von jedem einzelnen erwartet. Dazu gehören eine ehrliche und gerechte Einschätzung der jeweiligen Situation und der Mut, hin und wieder auch klar und deutlich STOP oder NEIN zu sagen.

Leider haben noch immer sehr viele, gerade gutherzige Menschen Angst, so zu handeln. Sie glauben dann, sich unbeliebt zu machen oder von den anderen sogar abgelehnt zu werden. Das genaue Gegenteil ist der Fall. Menschen, die so denken und handeln, werden automatisch von den anderen geachtet und respektiert. Solche Menschen schlüpfen aus der Opferrolle heraus und helfen damit auch den „Tätern", weil sie diese durch ihr mutiges, gerechtes und unmissverständliches Verhalten daran hindern, sich weiterhin „Opfer" zu suchen.

Diese veränderte Verhaltensweise ist natürlich nicht nur am Arbeitsplatz angezeigt, sondern auch bei allen Versuchen der Ausnutzung und ungerechten Behandlung in der Partnerschaft und der Familie.

Partnerschaft – Beziehung – Ehe

Partnerschaft

9. Liebe und Beziehung

Dieses Kapitel zeigt einen sehr wichtigen Aspekt unserer Betrachtungen, denn Liebe, Beziehung, Ehe und Partnerschaft stellen sich in den meisten Fällen nach wie vor als Dreh- und Angelpunkt für all unsere übrigen Lebenssituationen heraus.

Liebe und innige Beziehung zu einem anders- oder gleichgeschlechtlichen Partner bilden noch immer die Grundlage für ein glückliches und zufriedenes Leben. Daran hat sich in unserer hoch technisierten, auf Erfolg ausgerichteten, freiheitsliebenden und größtenteils emanzipierten Gesellschaft wenig geändert.
Kaum jemand wird bestreiten wollen, dass eine wirklich glückliche Beziehung bei allen auftretenden Problemen in unserem Beruf, im Alltagsleben, bei Familienzwist und Krankheit eine enorme Stütze sein kann. Ganz tief ist in jedem Menschen der Wunsch nach einer durch und durch liebevollen Beziehung zu einem anderen Menschen verankert, ob bewusst oder unbewusst.

Was sich geändert hat, sind die Gedanken über eine solch feste, lang andauernde, vertrauensvolle und ehrliche Bindung an einen Partner.
Es sind unsere vielen negativen Erfahrungen aus den früheren und dem jetzigen Leben, die das Einlassen auf echte, tiefe und verbindliche Gefühle erschweren oder gar nicht mehr zulassen.
Zu oft wurden wir langfristig in diesen Bindungen enttäuscht, verletzt, missverstanden, bevormundet, in unserer Freiheit beschnitten, verraten oder auch nur zutiefst gelangweilt. Wir haben uns eingelassen auf tiefe, liebevolle Gefühle, aber dieses Einlassen hat uns nicht selten über kurz oder lang negative, belastende Gefühle eingebracht.
Ist es da ein Wunder, dass so viele Ehen und Beziehungen scheitern?

Gefühle der Liebe sind anziehend, stärkend, wärmend, beschützend und Vertrauen gebend. Wieder und wieder haben wir die Erfahrung machen müssen, dass sich solch aufbauende Gefühle ohne erkennbaren Grund, und ohne dass wir es verhindern können, in das Gegenteil verwandeln.
Ist es wirklich verwunderlich, dass unser Unterbewusstsein das Vertrauen in eine stabile, verlässliche Liebesbeziehung verloren hat? Ganz sicher nicht.

Es würde den Rahmen dieses Buches sprengen, über die Möglichkeiten zu sprechen, die diese vermeintlich unumgängliche Rückentwicklung in einer Liebesbeziehung verhindern können.
Wenn wir positive Aspekte, Glück und Halt in unseren Beziehungen finden wollen, dann müssen wir

als allererstes unseren eigenen Beitrag in dieser Zweisamkeit ehrlich und schonungslos betrachten. Auch hier spielen wiederum völlig unbewusste Muster und karmische Erinnerungen eine gravierende, nicht zu unterschätzende Rolle.

Bei Männern und Frauen werden auch heute noch sehr häufig geschlechterspezifische Rollen eingenommen oder verteilt. Der positive Aspekt bei diesen Mustern ist die Ergänzung und Anziehungskraft dieser beiden Rollen.

„Typisch männlich" bedeutet immer noch: stark, beschützend, mutig, überlegen, rational und erfolgsorientiert. „Typisch weiblich" signalisiert: annehmend, mitfühlend, wärmend, voller Hingabe und gefühlsbetont.

Da aber die Männer unbestritten auch weibliche Energien, die Frauen männliche Energien in sich tragen, wäre es eigentlich sinnvoll, die fehlenden Attribute zunächst einmal in sich selbst auszugleichen.

Frauen gelingt das mittlerweile schon recht gut, weil sie in vielen Fällen, vor allem im Berufsleben, immer wieder „ihren Mann stehen" müssen. Männer tun sich mit der Anerkennung ihrer weiblichen Seite, und damit ihrer Gefühlswelt, schon etwas schwerer.

Ein Mann, der Emotionen zeigt, vielleicht sogar Tränen, wird allzu schnell als „Warmduscher" oder „Weichei" abgestempelt.

Wenn Frauen lernen, die männliche Sichtweise mit einzubeziehen, rationaler und klarer in ihrer Denkweise zu werden, und mehr Männer ihre gefühlsbetonte Seite pflegen würden, dann wären eine viel größere Akzeptanz und ein tieferes Verständnis für beide Seiten möglich.

Unverständlicherweise übt jedoch auf etliche Männer das hilfsbedürftige, unselbstständige, zu beschützende „Weibchen" noch immer eine große Anziehungskraft aus. Viele Frauen hingegen träumen nach wie vor von einem starken, beschützenden, matchohaften Helden.

In diesen Verbindungen sind Missverständnisse und Zerwürfnisse vorprogrammiert, weil die eine Seite die andere zwar ergänzt, sie aber nicht wirklich versteht oder nur schwer mit ihr umgehen kann. Warum verstehen sich denn Freundinnen so gut, können stundenlang miteinander reden? Doch nur aus dem Grund, weil sie einander perfekt verstehen. Ebenso verhält es sich mit den Männerrunden, in denen man sich auch ohne viele Worte verstanden fühlt.

Ich denke, es ist an der Zeit, dass sowohl die Männer als auch die Frauen dieses Problem einmal sehr rational beleuchten. Wenn ich einen Partner für eine harmonische Zweisamkeit suche, dann muss dieser Partner doch auch jene Eigenschaften besitzen, mit denen ich mich wohl fühle und die den meinen ähnlich sind.

Vielleicht werden auf diese Weise eines Tages die Frauen einen zwar männlichen, aber durchaus auch sensiblen Mann dem starken Matcho vorziehen.

Vielleicht werden einige Männer dann erkennen, dass sie mit einer klugen, starken, selbstbewussten Frau auf Dauer viel besser harmonisieren als mit dem schwachen, anlehnungsbedürftigen, häufig mädchenhaften „Weibchen".

Sicher, die Anziehungskraft des einen oder anderen Extrems ist noch immer in unseren Genen verankert, aber mit fortschreitender Evolution werden wir diese Anziehung mit unserem Verständnis und unserer Geisteskraft verändern können.
Wertvolle typisch männliche und typisch weibliche Eigenschaften sollten im gesunden Maße immer beibehalten werden, aber es scheint förderlich für lang anhaltende und gut funktionierende Beziehungen zu sein, wenn beide Partner in ihren männlich-weiblichen oder weiblich-männlichen Anteilen gut ausbalanciert sind.

Partnerschaft

10. Hassliebe

Sie können nicht miteinander, aber sie können auch nicht ohne einander.
Wer kennt diese Situation nicht? Entweder aus eigener Erfahrung oder aus der ermüdenden Betrachtung im Freundeskreis oder in der Verwandtschaft. Manche Beziehungen arten regelrecht in eine Art Hassliebe aus und sind sowohl für die Betei-ligten selbst als auch für das einbezogene Umfeld ausgesprochen anstrengend.

Nun muss man sich natürlich fragen: Warum kommen so viele Partner einfach nicht voneinander los, obwohl die regelrecht hasserfüllten Phasen nicht zu übersehen und noch dazu häufiger als die liebevollen Phasen auftauchen?
Da ist die oft langjährige Gewöhnung, dort gibt es gemeinsame Kinder, materielle Absicherung und die Angst vor dem Alleinsein. Aber sind es wirklich diese Fakten, die eine Trennung häufig verhindern? Definitiv nein! Sie spielen zwar eine wichtige Rolle, aber in den meisten Fällen stehen Endlosprobleme in der Partnerschaft auch wieder mit einem ungelösten karmischen Konflikt in Zusammenhang.

In unserem Beispiel schauen wir uns die Geschichte von Sven und Britta an. Sie sind nunmehr 18 Jahre verheiratet und haben zwei gemeinsame Töchter im Alter von 17 und 15 Jahren. Zu Beginn der Ehe war Sven beruflich sehr gefordert, da er den Schritt in die Selbstständigkeit gewagt und einen eigenen Kfz-Betrieb aufgebaut hatte. Als die Töchter noch klein waren, hat sich Britta nicht nur um die Kinder, sondern zusätzlich auch um alle wichtigen Belange der Büroarbeit gekümmert. Sie war zielstrebig, sehr erfolgreich und wurde von Mitarbeitern und Kunden sehr geschätzt.

Es blieb wenig Zeit für die Pflege ihrer Beziehung als Mann und Frau, für gemeinsame Unternehmungen oder romantische Auszeiten. Mittlerweile wird der Betrieb durch sehr gute Mitarbeiter gestützt und die beiden Mädchen verbringen nur noch die absolut notwendige Zeit im Elternhaus. Mit anderen Worten: Es wäre jetzt endlich die Möglichkeit vorhanden, dass Sven und Britta sich wieder mehr um sich selbst und ihre Gemeinsamkeit kümmern. Sie könnten endlich in ihrer Ehe nachholen, was sie in den Anfangsjahren versäumt haben. Die Realität sieht leider ganz anders aus.
Obwohl Britta und Sven jetzt viel mehr Zeit miteinander verbringen, schaffen sie es dennoch nicht, die Chance zu ergreifen, ihrer Ehe und ihrer Liebe einen neuen Impuls zu geben. Ganz im Gegenteil. Wann immer Sven sich seiner Frau mitteilen, ihr einen Vorschlag unterbreiten möchte, geht Britta sofort in die Ablehnung. Offensichtlich bringt sie

beinahe alles zur Weißglut, was Sven äußert. „Du hast doch überhaupt keine Ahnung, das ist wieder absolut typisch für dich, es ist wie immer peinlich mit dir" sind noch die freundlichsten Bemerkungen, die Britta ihrem Mann Sven regelmäßig entgegenschleudert.

Es macht Britta offensichtlich komplett wütend, wann immer Sven auch nur seine Meinung zu etwas äußert. Nun sind Svens Meinungen und Äußerungen weder lächerlich noch weltfremd oder unlogisch. Er verhält sich ausgesprochen respektvoll und wirkt auch in seiner Persönlichkeit alles andere als unentschlossen, wankelmütig oder unmännlich.

In seinem Umfeld kann keiner wirklich nachvollziehen, warum Britta immer wieder derart heftig auf ihn reagiert. Leider tut sie das auch im Beisein anderer, was für Sven wirklich eine schlimme Herabwürdigung und Erniedrigung darstellt. In solchen Momenten kommen auch bei ihm hasserfüllte Gefühle hoch, da er mit dieser Form von Bloßstellung und Anmaßung kaum umgehen kann.

Trotz allem fühlt sich Britta ihrem Mann Sven zugehörig und hat noch nie über eine Trennung nachgedacht. Ebenso verhält es sich mit Sven. Er hat sich nach und nach an die Attacken seiner Frau gewöhnt und versucht, diese erniedrigenden und hasserfüllten Momente schnellstmöglich wieder zu vergessen. Da er eigentlich zu den durchaus positiven Menschen gehört, gelingt ihm das auch recht gut.

Brittas Ablehnung ihrem Mann gegenüber und das häufige Gefühl von ungerechter und herabwürdigender Behandlung haben jedoch in die Beziehung und die Liebe zwischen Sven und Britta bereits tiefe Wunden geschlagen. Diese Wunden sind auch mit gutem Willen nicht einfach zu heilen, da die Ursache für diese Verletzungen völlig im Dunkeln liegt.

Solche Art von Hassliebe ist häufig zwischen Partnern zu finden, die die Empfindungen ihrem Partner gegenüber nicht wirklich wahrnehmen oder einfach nicht wahrhaben wollen.
Ein glückliches, freudvolles und zufriedenes Leben ist doch immer nur dann möglich, wenn unsere Gefühle in Bezug auf die uns umgebenden Menschen positiv sind. Wenn wir ausgerechnet unserem Partner eine Vielzahl von negativen Gefühlen entgegenbringen, dann ist es nicht verwunderlich, dass unsere Beziehung oder Ehe uns weder das Gefühl von Zufriedenheit noch von Glück vermitteln kann.

Wo kommen diese negativen, manchmal nicht zu erklärenden Gefühle nun her? Und wie können sich solche Gefühle unter Umständen auch wieder verändern? Auch hier liegt die eigentliche Ursache sehr oft in den fest verankerten Glaubensmustern, die wir in vergangenen Leben abgespeichert haben. Es ist Britta, die sich zu einer Rückführung entschließt, weil sie ihre unerklärliche Abneigung gegen eine Vielzahl von Svens Meinungsäußerungen endlich verstehen will.

Sven glaubt nicht an die Wiedergeburt und steht dieser Möglichkeit mehr als skeptisch gegenüber. Da diese Rückführung jedoch einem guten Zweck dient, versucht er das Ansinnen seiner Frau zu respektieren und nicht zu belächeln.

Wie bereits eingangs erwähnt, gibt es unterschiedliche Möglichkeiten für die Rückschau in vergangene Leben, wobei die meisten Menschen glauben, dies sei nur unter Hypnose möglich.
Es bieten sich jedoch noch andere Formen wie zum Beispiel die Halbtrance an, in der entweder der Klient selbst oder aber der Therapeut die erforderlichen Bilder von Geschehnissen aus einem früheren Leben klar und deutlich aufnehmen kann.
Während einer solchen Halbtrance besteht zwar ebenfalls ein tiefer Entspannungszustand, aber sowohl Klient als auch Therapeut befinden sich gleichzeitig auch im Wachzustand, und beide sind in der Gegenwart jederzeit ansprechbar.
Sollten die auftauchenden Geschehnisse für die Gefühlslage des Klienten zu belastend sein, dann kann dieser sofort um Abbruch der Rückführung bitten.

In diesem Fall hat der Therapeut den Ausgangspunkt aus einem ihrer vergangenen Leben eingefangen, während Britta selbst nach kurzer Zeit ebenfalls Bilder und vor allen Dingen die dazu gehörigen Gefühle wahrnehmen konnte.

Zunächst nur sehr verschwommen, dann immer klarer taucht ein großzügiger Landsitz auf, in einer Landschaft mit weitläufigen sattgrünen Wiesen..

*In einem sehr gepflegten Herrenhaus lebt seit mehreren Generationen eine begüterte, alt eingesessene, adlige und honorige Familie.
Der Hausherr mit Namen Siegbert und die Hausherrin Martha sitzen an einer großzügig gedeckten Tafel auf der nach Süden gerichteten Terrasse. Offenbar nehmen sie gerade gemeinsam das Frühstück ein. Die Bedienstete reicht eine Art leichtes Gebäck und einen Obstteller, während die Morgensonne von Osten her die Terrasse bereits in ein wärmendes Licht taucht.*

*Kleidung und Frisuren der beteiligten Personen deuten auf die Mitte des 19. Jahrhunderts hin, wobei eine genaue Zeitangabe ausbleibt. Der Ort des Geschehens befindet sich mitten in Ostpreußen, während eines warmen, freundlichen Spätsommertages.
Trotz dieser wohltuenden Atmosphäre, der reizvollen Umgebung und der Annehmlichkeiten des großzügigen Grundbesitzes bleibt die Stimmung des Paares während des Frühstücks unverbindlich und eisig.
Das Gesicht des Grafen Siegbert lässt die Züge von Sven erkennen, und das der Gräfin Martha spiegelt die Persönlichkeit von Britta wider.
Was war geschehen, dass zwischen diesen beiden eine solche Teilnahmslosigkeit und Kälte herrscht?*

Das Bild verändert sich und zeigt Ausschnitte aus den Jugendjahren von Martha-Britta und Siegbert-Sven.

Wie in dieser Zeit üblich, waren Martha und Siegbert von ihren Eltern bereits in jungen Jahren einander versprochen worden. Wie so oft wollten zwei adlige Familien Macht, Einfluss und Grundbesitz auf diese Weise mehren.
Martha war von klein auf ein sehr selbstbewusstes, intelligentes und mutiges Kind. Sie hatte ihren eigenen Kopf, was bei Mädchen zu dieser Zeit eher ungewöhnlich war.
Siegbert hingegen war unkompliziert, sehr anpassungsfähig und wollte es seinem Vater stets recht machen.
Da Martha nicht nur selbstbewusst, sondern auch ausgesprochen hübsch war, hatte sie bereits in sehr jungen Jahren schon den einen oder anderen heimlichen Verehrer.
An ihrem 14. Geburtstag verliebte sich der 17-jährige Carl, Sohn des Verwalters, der für den landwirtschaftlichen Bereich des Gutes zuständig war, unsterblich in Martha. Sie erwiderte Carls Gefühle, obwohl diese Liebe nur im Geheimen und unter strengsten Vorsichtsmaßnahmen wachsen konnte. Die Verbindung der beiden war so tief und innig, dass Martha und Carl sich einig waren, eines Tages zusammen zu fliehen.
Einer der Bediensteten hatte dennoch von dieser geheimen Liebe etwas mitbekommen, und um seine Position nicht zu gefährden, hielt er es für loyal und angemessen, dem Grafen und Vater von Martha von diesem vermeintlichen Unrecht zu berichten.
Als dieser von der Angelegenheit erfuhr, stellte er weder seine Tochter noch den Sohn des Verwalters zur Rede. Letzterer wurde kurzerhand für die

nächsten Jahre auf ein benachbartes Gut geschickt, um dort für einen schwer erkrankten Verwandten einzuspringen. Marthas Vater sorgte dann dafür, dass die längst vereinbarte Heirat zwischen seiner Tochter und Siegbert um ein ganzes Jahr vorgezogen wurde, und zwar in Carls Abwesenheit.
Nach der Eheschließung würde Martha ihrem Mann auf dessen Landsitz eine halbe Tagesreise weiter südlich folgen müssen, und dieser Schachzug würde alle Probleme von ganz allein lösen.
Als Martha von der kurzfristig anberaumten Hochzeit erfuhr, fiel sie in einen Zustand von Wut, Trauer und tiefer Depression.
Sie musste sich dem Willen ihres Vaters beugen, und noch vor ihrem 16. Geburtstag wurde sie mit dem 22 -jährigen Grafen Siegbert verheiratet.

Nach der Eheschließung hat es viele Monate gedauert, bis Martha in der Lage war, wieder normal und angemessen mit ihrem Mann und den übrigen Familienmitgliedern zu kommunizieren. Sie hatte sich in dieser Zeit vollkommen vom Rest der Welt abgeschottet. Martha klagte nicht, es flossen keine Tränen, sie nahm nur so viel Nahrung zu sich, wie sie zum Überleben dringend benötigte.

Sie hatte sich in den Sohn des Verwalters verliebt, nicht nur weil er ein stattlicher, gut aussehender junger Mann war. Er besaß in ihren Augen eine Vielzahl von ganz besonderen, sehr positiven Charaktereigenschaften. Carl liebte die Natur, war ausgesprochen romantisch, stets fröhlich und gut gelaunt. Er nahm die Dinge, wie sie kamen, konnte allem auch eine positive Seite abgewinnen und er

nahm bei seinem Vater eine Sonderstellung ein. Das Wichtigste aber war für Martha, dass Carl sie auf eine anbetungswürdige, respektvolle und überaus gefühlsbetonte Weise liebte.
Von klein auf hatte sie davon geträumt, ihren „Prinzen" selbst auszusuchen und sich nur einem Mann hinzugeben, den auch sie von Herzen lieben konnte. Diese Hoffnung wurde jäh zerstört, aber die Wunde in ihrem Herzen würde niemals heilen können.

Siegbert gab sich jede erdenkliche Mühe, um seiner jungen Frau den Einstieg in ihr neues Leben zu erleichtern. Er war ihr von Anfang an zugetan, und seine Zuneigung verwandelte sich im Laufe der Jahre in eine ehrliche und verlässliche Liebe.

Martha gewöhnte sich im Laufe der Zeit an ihre neue Rolle, sie gebar Siegbert fünf Kinder, aber zu keinem Zeitpunkt hatte die Sehnsucht nach ihrer „großen Liebe" Carl aufgehört. Sie konnte jedoch nie wieder irgendetwas über ihn in Erfahrung bringen.
Ihre Seele gab ungerechterweise ihrem Mann Siegbert die ganze Schuld an ihrem gebrochenen Herzen. Eigentlich konnte sie ihrem Mann überhaupt nichts vorwerfen. Er liebte seine Frau, respektierte sie und war stets um ihr Wohlergehen bemüht.
Um ihrer Ablehnung Siegbert gegenüber Nahrung zu geben, entwickelte Martha eine Abneigung gegen alles, was Siegbert sagte oder tat. Siegbert hatte nur wenige negative Eigenschaften, und so musste ihr Unterbewusstsein etwas erfinden, damit die nie geheilte Wut und Trauer zu begründen war.

Wäre Martha ihrem Mann Siegbert auf andere Weise begegnet, hätte sie durchaus die Chance gehabt, seine vielen liebenswerten Eigenschaften zu erkennen. So aber gab ihr Herz Siegbert keinerlei Chance. Ihre Ablehnung ihm gegenüber schwankte häufig zwischen Gleichgültigkeit und Hass.

Marthas Seele hatte sich also ein Ventil gesucht, um der nie ausgeheilten Wunde ihres Herzens etwas von ihrem Schmerz zu nehmen. Die tiefe Kluft zwischen Martha und Siegbert hatte zu keiner Zeit ihre Begründung in Siegberts tatsächlichem Verhalten. Martha versuchte unbewusst, ihn mit anderen Augen zu sehen, um auch nach vielen Jahren der Gewohnheit ihn nicht doch eines Tages lieben zu müssen.

All diese Gedanken und Gefühle wurden bei der Betrachtung des gräflichen Paares in jenem früheren Leben in das Bewusstsein des Therapeuten und in Brittas Erinnerung gespült.

Am Ende dieser Rückführungssitzung überkamen Britta eine tiefe Traurigkeit und heftige Schuldgefühle. Auch wenn es in diesem Leben nicht um die Liebe zu einem anderen Mann ging, so hatte sie dennoch diesen tiefgreifenden Konflikt in ihr heutiges Leben mitgenommen. Sie fing an darüber nachzudenken, ob es tatsächlich an Svens Verhalten so viel auszusetzen gab.

Vielleicht waren sie sich im jetzigen Leben noch einmal begegnet, damit Britta ihre unbewusste Ungerechtigkeit Sven gegenüber heilen konnte.

All das, was sie an Sven auszusetzen hatte, was sie störte, was sie wütend machte und in Rage

brachte, hatte keinen realen Hintergrund. Es war ein altes karmisches Muster, durch das ihr Unterbewusstsein demonstrieren wollte, dass sie Sven ablehnen musste, da er vermeintlich die Schuld an ihrem Unglück trug.
Schritt für Schritt war es Britta in den nächsten Monaten möglich, ihren Mann Sven aus einem völlig neuen Blickwinkel zu betrachten. Sie erkannte auf einmal seine vielen guten Eigenschaften, und ihr wurde klar, dass sie ihn lieben konnte und durfte, genauso wie er war.

Natürlich liegt jeder Fall bei einer sogenannten Hassliebe jeweils anders, und die Ursachen, auch die karmischer Natur, können komplett anders gelagert sein.
Es ist auch nicht immer möglich, nach der Kenntnis der wirklichen Ursache eine Beziehung oder Ehe zu reparieren. Manchmal trägt die Kenntnis eines vergangenen Lebens auch dazu bei, endlich den Prozess des Loslassens in Gang zu setzen.

Eine Tatsache scheint sich jedoch immer wieder zu bestätigen: Gerade in Beziehungen fühlen wir uns häufig zu einem ganz bestimmten Partner unausweichlich hingezogen. Ich wage zu behaupten, dass die meisten unserer Beziehungen und Partnerschaften einen karmischen Hintergrund haben und wir Leben um Leben die gleichen Beziehungen eingehen.

Es gibt augenscheinlich etwas, das wir wiederholen, wiedergutmachen, korrigieren oder endlich lernen wollen. Leider sind die wahren Beweggründe meistens tief in unserem Unterbewusstsein verborgen.

So mühen wir uns manchmal jahrelang durch eine Partnerschaft, um zu bemerken, dass wir sie nicht ins Positive umwandeln können. Wenn diese Beziehung dann scheitert, werden wir in der nächsten Partnerschaft wieder genau zu jenem Knoten geführt, den wir schon in der Vergangenheit nicht lösen konnten.

Es kann auch passieren, dass wir genau das Gegenteil der letzten partnerschaftlichen Erfahrung in unser Leben ziehen, um dann festzustellen, dass uns auch diese Variante nicht glücklich macht.

Wenn es einen unerlösten Konflikt mit Mitgliedern unserer Seelenfamilie gibt, dann trachtet unsere Seele danach, diesen Konflikt irgendwann zu lösen. Passiert das nicht, wird man in der Regel auch in der nächsten Beziehung sein Glück nicht finden, weil die Blockade, die uns vom Glücklichsein bisher abgehalten hat, noch nicht entdeckt und gelöst wurde.

Partnerschaft

11. Unerfüllte Liebessehnsucht

In diesem Kapitel wollen wir uns einer Thematik zuwenden, die sehr weit verbreitet ist. Sie kann über tiefes Herzleid, Verlust des Selbstwertgefühls bis hin zu schweren Depressionen führen.

Es geht um die Situationen, in denen ein Partner dem anderen ehrliche Liebe entgegenbringt, die vom anderen nicht erwidert oder nach einiger Zeit nicht mehr erwidert wird. Diese Situation mit dem Begriff „unvermeidbarer Liebeskummer" zu verharmlosen, hat manchmal schwere psychische Störungen und Erkrankungen, vor allem die Neigung zu Suchtverhalten, zur Folge.
Warum kommen manche Menschen aus diesem „Liebeskummer" relativ schnell und unbeschadet heraus, während andere viele Monate, manchmal Jahre unter der Abweisung ihrer Liebe leiden müssen?

Auch hier spielt wieder eine entscheidende Rolle, ob wir uns an die unerfüllte Liebe zu einem bestimmten Menschen ganz tief in unserem Herzen irgendwie erinnern können; ob wir diesen Schmerz

schon früher erlebt und auch die Erfahrung gemacht haben, dass all unsere Hoffnungen und Sehnsüchte diesbezüglich stets unerfüllt geblieben sind.
Mit dieser Art von karmischem Muster, einer solchen Blockade, kann auch die Zeit unsere Seele und unser Herz nicht heilen.

Ich möchte hier die Geschichte von Sarah und Bernd erzählen. Von einem jungen, modernen Paar, das schon lange aufeinander gewartet hatte, das wunderbar zusammengepasst hätte und aus unerfindlichen Gründen doch nicht zueinander finden konnte.

Sarah ist eine hübsche, selbstbewusste, dem Leben positiv zugewandte, auch beruflich erfolgreiche junge Frau. Im Alter von 38 Jahren hatte sie die schicksalhafte Begegnung mit einem charismatischen, ihr irgendwie vertrauten, etwas älteren Mann, wodurch ihr bisher harmonisches Leben eine dramatische Wendung nehmen sollte.

Sarah war Bernd auf einem Fortbildungsseminar begegnet, und zwischen beiden bestand von Anfang an eine magische Anziehung. Es war sprichwörtlich die Liebe auf den ersten Blick.
Sarah hatte bereits eine längere, acht Jahre andauernde Beziehung hinter sich und in den vergangenen drei Jahren die eine oder andere lockere Freundschaft. Seit einem halben Jahr war Sarah wieder „Single", aber auch diese Phase in ihrem Leben machte sie nicht unzufrieden. Sie kümmerte sich ausgiebig um ihre eigenen Bedürfnisse und tat

viele interessante, aufregende Dinge, die sie sich in der Zeit einer Partnerschaft nicht zugestanden hatte.

Bernd war seit zehn Jahren kinderlos verheiratet und stand gerade vor dem Scherbenhaufen seiner Ehe. Die letzten zwei Jahre waren sehr zermürbend gewesen und hatten ihn und seine Frau viel Kraft gekostet.
Die Hochzeit war damals in kürzester Zeit geplant worden, und nachdem die anfängliche, extrem starke Verliebtheit dem Alltag Platz gemacht hatte, wurde sehr schnell deutlich, dass es zwischen Bernd und seiner Frau nur wenige Gemeinsamkeiten gab. Sie hatten um ihre Ehe gekämpft und waren vor einigen Wochen dennoch zu der Einsicht gelangt, dass eine Trennung unvermeidbar sei.
Bernd hatte sich über eine eventuelle neue Beziehung überhaupt noch keine Gedanken gemacht, als die Begegnung mit Sarah wie ein Blitz bei ihm einschlug.

Vom ersten Tag des Seminars an waren Sarah und Bernd unzertrennlich. Sie saßen nicht nur während der Vorträge nebeneinander, sondern sie verbrachten auch die freien Abendstunden gemeinsam. Sie führten nicht nur Gespräche über ihren Beruf und die Fortbildung, sondern es gab auch jede Menge private Themen, über die sich Sarah und Bernd angeregt unterhielten. Sie waren sich von Anfang an unglaublich vertraut, und die Übereinstimmung ihrer Sichtweise über beinahe alle Bereiche des Lebens war außergewöhnlich.

Bernd war bereits aus dem gemeinsamen Haus ausgezogen, um das notwendige Trennungsjahr anzutreten.

So war es nicht verwunderlich, dass Sarah und Bernd auch nach dem gemeinsamen Fortbildungsseminar in engem Kontakt blieben.
Sie trafen sich an freien Wochenenden, fühlten sich geborgen und wohl in ihrer Zweisamkeit, und es entstand in kürzester Zeit zwischen ihnen das Gefühl von inniger Liebe und tiefer Freundschaft.

Für einen romantischen Wellness-Kurzurlaub buchten sie ein Doppelzimmer und verbrachten so ihre erste gemeinsame Nacht.
Obwohl beide zuvor schon einige, auch sexuell durchaus erfüllte Beziehungen hatten, so war diese Nacht für Sarah und Bernd eine bisher so noch nicht erlebte Erfahrung. Diese ging über die Körperlichkeit weit hinaus und fühlte sich an wie das buchstäbliche Verschmelzen von Körper, Geist und Seele. Da Bernd diesbezüglich genau dieselben Empfindungen wie Sarah hatte, waren sich beide darüber im Klaren, dass hier eine neue, ganz außergewöhnliche und feste Bindung zwischen ihnen nicht mehr aufzuhalten war.
Kurz nach Beendigung dieses Urlaubs nahm das Drama, das vermeintliche Schicksal jedoch seinen Lauf.
Während Bernd in der Anfangsphase ihres Kennenlernens an Sarah täglich einen liebevollen Gruß geschickt, das Bedürfnis hatte, mit ihr zu telefonieren, so machte er sich nach der ersten ge-

meinsamen Nacht mehr und mehr rar. Er schrieb nur noch zwei- bis dreimal die Woche oder telefonierte ein-, zweimal mit Sarah.

Wenn sie miteinander in Kontakt traten, dann war die Schwingung zwischen ihnen nach wie vor extrem liebevoll. Obwohl Bernd immer seltener diesen Kontakt suchte, sprach er noch immer von der großen Liebe und wie sehr er Sarah in ihrer Abwesenheit vermissen würde. Er traf sich auch weiterhin in unregelmäßigen Abständen mit ihr, fand aber für weitere gemeinsame Nächte stets eine neue Ausrede. Man kann sich vorstellen, wie sehr Sarah diese Vorgehensweise verunsichern musste. Bernds Verhalten war nicht nur vollkommen männeruntypisch, sondern auch in keiner Weise nur annähernd zu erklären.

Es war ja nicht so, dass Bernd sein Ziel erreicht hatte und Sarah nun für ihn nicht mehr interessant genug schien. Ganz im Gegenteil. Für beide war die gemeinsame Übernachtung eine überwältigende Erfahrung und beide sollten sich eigentlich nach einer Wiederholung sehnen. Sarah konnte einfach nicht verstehen, warum es Bernd nicht ebenso erging wie ihr. Sie war nicht nur zutiefst verunsichert, sondern sie fühlte sich auch verletzt, gedemütigt, enttäuscht und vollkommen hilflos.

Als sich Sarah aufgrund dieser starken seelischen Belastung mehr und mehr von Bernd zurückziehen wollte, überschüttete dieser sie mit Liebesbeteuerungen. An seinem Rückzug und seinem unerklärlichen Verhalten änderte sich jedoch rein gar nichts.

In diesem Zustand von völligem Unverständnis, dem Gefühl von großer Hilflosigkeit und Traurigkeit entschloss sich Sarah, mithilfe einer Rückführung den Dingen auf den Grund zu gehen.

Das Bild eines gemeinsamen früheren Lebens spiegelte einen herrlichen, angenehm warmen Sommertag in unmittelbarer Nähe zu einer südländischen Großstadt. Es könnte sich dabei um Florenz oder Neapel handeln. Etliche wohlhabende Bürger dieser Großstadt hatten sich auf dem Land das eine oder andere Anwesen zugelegt, um dort einen Ausgleich für die Geschäftigkeit dieser quirligen Metropole zu schaffen.
Bernd, auch zu jener Zeit ein sehr stattlicher junger Mann, ist mit der eigenen Kutsche auf dem Weg zu seinem Bruder, der als jüngster Sohn noch immer auf dem Landsitz des Vaters lebt. Bernd hatte einen Umweg gewählt, um seiner langjährigen Freundin Sarah einen Besuch abzustatten. Der kräftige, dennoch elegante Rappe vor der Kutsche bringt Bernd vorbei an idyllischen Olivenhainen in ein leicht hügeliges Gelände. Inmitten dieser ganz abgeschiedenen, herrlichen Natur liegt sicher eingebettet ein kleineres, schlichtes Kloster, das von liebevoll angelegten, weitläufigen Gärten umgeben ist. In diesen Gärten gedeiht nicht nur eine prachtvoll blühende und herrlich duftende Vielfalt von Blumen, sondern man findet dort auch eine Vielzahl unterschiedlichster Heilkräuter.
Die in diesem Kloster lebenden Nonnen sind weit über das direkte Umland hinaus für ihre verschiedensten Heilmittel bekannt, die sie durch weit zurückliegende mündliche und schriftliche

Überlieferung auch heute noch herstellen und bedürftigen und kranken Menschen zur Verfügung stellen.
In diesem Kloster lebt jetzt seit gut einem halben Jahr die Klosterschülerin Sarah.

Bernd und Sarah, letztere ein Jahr jünger als ihr Freund, kennen sich von Kindesbeinen an, da sie weitläufig miteinander verwandt sind und ihre Eltern in unmittelbarer Nachbarschaft wohnen. Zwischen den beiden Kindern bestand von Anfang an eine ganz besondere Beziehung: Obwohl sie nur weitläufig verwandt sind, verband die beiden von klein auf eine Art tiefer und bedingungsloser Geschwisterliebe. Sie suchten stets die Nähe des anderen, waren unzertrennlich, hatten ganz ähnliche Interessen, und sie waren glücklich, wenn sie zusammen sein konnten.

Diese Verbindung wurde in der Zeit des Erwachsenwerdens noch verstärkt, sodass beide füreinander eine platonische und dennoch undefinierbare Liebe und eine unzertrennliche, tiefe Freundschaft empfanden. Während Sarah sich zu einer lebensfrohen, hübschen jungen Frau entwickelte, reifte Bernd zu einem stattlichen, ernsthaften und eher ruhigen jungen Mann heran.
Umso verwunderlicher war es, dass Sarah an ihrem 17. Geburtstag der Familie eröffnete, dass sie beabsichtige, in jenes Kloster einzutreten, das ihre Tante, die Schwester ihrer Mutter, seit einigen Jahren leitete.

Sarah war auf unbeschwerte Weise tief gläubig. Sie liebte die Natur, Pflanzen und Tiere über alles und hatte von klein auf das Gefühl, auf diese Weise am ehesten mit Gott, dem Schöpfer verbunden zu sein. Je älter sie wurde, umso deutlicher zeigte sich ihr Wunsch, sich auf diese Weise mit dem Göttlichen voll und ganz zu verbinden. Hinzu kam Sarahs Unsicherheit im Bezug auf Bernd. Er war viele Jahre wie ein Bruder für sie gewesen, aber in der letzten Zeit entwickelte sich in ihrem Herzen oft ein ganz anderes Gefühl, das ihr eindeutig Angst machte.
Sie glaubte, durch ihre Entscheidung, ins Kloster einzutreten, einem seelischen Chaos rechtzeitig entgehen zu können.

Bernd erging es nicht viel anders. Auch er fing eines Tages an, Sarah zu begehren, auf eine Weise, die er sich nicht eingestehen wollte.
Sarahs Entscheidung, in das Kloster ihrer Tante einzutreten, traf ihn wie ein Schlag. Er wusste nur zu gut, dass dieser Schritt ihre Verbindung und Beziehung drastisch verändern würde. Dennoch fand er kein plausibles Argument, das Sarah von diesem Schritt hätte abhalten können.
So kam es, dass die beiden kurz nach Sarahs 17. Geburtstag Abschied nehmen mussten, und dieser Abschied hinterließ sowohl bei Sarah als auch bei Bernd eine tiefe Wunde im Herzen.
Auch jetzt, da Bernd Sarah das erste Mal besuchen darf, können beide diese Wunde noch deutlich spüren.

Es ist Sonntagnachmittag, und Sarah hat die Erlaubnis, bis zur Abendmesse mit ihrem Verwandten

und langjährigen, geschwisterlichen Freund einen Ausflug zu unternehmen. Als sich Sarah und Bernd zur Begrüßung lange und fest umarmen, umfasst beide ein Gefühl von Glück, Frieden und Geborgenheit.
Sarah klettert in Bernds Kutsche und zeigt ihm den Weg zu einem wunderschönen, sehr einsam gelegenen Platz in der Nähe eines kleinen, friedlich dahinplätschernden Baches.
Bernd hat, von seiner Mutter mitgegeben, einen Kuchen und frisches Obst für ein Picknick eingepackt. Beide haben sich so viel zu erzählen, wobei Sarah geradezu übersprudelt mit ihren Erzählungen über das Leben im Kloster, das ihr immer besser gefällt. Bernd berichtet in seiner ruhigen und gelassenen Art von seiner Ausbildung in der Stadt und von seiner Familie.

Irgendwann strecken die beiden sich auf der mitgebrachten Decke aus, halten sich wie früher so oft an den Händen und genießen das Schweigen miteinander.

Ohne es zu beabsichtigen, wird die Berührung ihrer Hände zärtlicher, und dann bricht aus beiden ein lange verdrängtes Gefühl von Sehnsucht hervor. Sehnsucht nach romantischer Liebe, Sehnsucht nach körperlicher Nähe und Erfüllung. Es gibt in diesem Augenblick keine Vernunft, keine mahnende Stimme mehr in ihnen, und sie erfahren beide zum ersten Mal die zaghafte, liebevolle, durch und durch zärtliche körperliche Vereinigung.

Für Sarah ist es eine Art göttlicher Erfahrung, die sie hin und wieder in der Natur oder während des gemeinsamen Gesanges in einer Messe erfahren hatte. Sie konnte dieses Gefühl nur schwer beschreiben. Es war einfach so, dass sie sich Gott in solchen Augenblicken sehr nahe fühlte, von einem unglaublichen Frieden und Glücksgefühl durchdrungen. Genau dasselbe spürt Sarah jetzt in Bernds Armen.

Die Szene verschwimmt nach und nach, es sind einige Jahre vergangen und am Horizont zeigt sich wieder das Bild jener südländischen Großstadt.

Bernd hat inzwischen einen sehr anspruchsvollen und zeitaufwendigen Posten in der Stadtverwaltung übernommen. Da er bisher nicht geheiratet, also auch keine Familie gegründet hat, macht es ihm nichts aus, viele Stunden seines Lebens, auch nach Dienstschluss, noch an seinem Arbeitsplatz zu verbringen. Sogar an Sonntagen sucht er dort häufig Zuflucht.
Bernd ist hager geworden, seine Augen haben fast völlig ihren Glanz verloren, und seine ruhige, besonnene Art hat sich in einen emotionalen Rückzug verwandelt.
Er ist angesehen und erfolgreich in seinem Beruf, aber das wirkliche Leben geht schon lange an ihm vorbei. Wie so oft in der Mittagszeit schaut Bernd während der Pause aus seinem Arbeitszimmer auf den gegenüber gelegenen, prunkvollen Kirchenbau, wo die Kirchturmuhr gerade zur Mittagsstunde schlägt.

Der klare, schwere Glockenton ruft zum wiederholten Male Erinnerungen an ein Drama wach, das Bernds gesamtes Leben verändern sollte.

Das wundervolle, jedoch extrem belastende Ereignis von seinem Besuch im Kloster, liegt nun sieben Jahre zurück. Bernd hatte Sarah unendlich viele Briefe geschrieben, aber sie blieben alle unbeantwortet. Sarahs Tante, die dem Kloster vorsteht, hatte jede Anfrage von Bernd bezüglich eines weiteren Besuches konsequent abgelehnt.
Bernd konnte nur erahnen, welche Gefühle von Schuld und Scham Sarah jetzt belasten mussten, da sie sich doch für das Zölibat im Kloster entschieden hatte. Schlimmer noch, er wusste nicht, ob Sarah unter ihrer Trennung und völligen Distanz genauso leiden würde, wie er es nach sieben Jahren immer noch tat.
Auch in diesem Augenblick fühlt Bernd wieder diesen glühenden Stich im Herzen, der ihn von innen zu verbrennen droht.

Nachdem ihm jeglicher Kontakt zu Sarah verwehrt wurde, blieb ihm nichts anderes übrig, als über Freunde und Bekannte wenigstens irgendetwas über Sarah in Erfahrung zu bringen. Ob sie noch immer in demselben Kloster lebte, ob es ihr wenigstens gut ging.
Die Gerüchte, die Bernd bei seinen Nachforschungen zu Ohren gekommen waren, ließen sein Herz und seine Seele gefrieren. Man erzählte sich, dass Sarah ein Kind zur Welt gebracht habe, das direkt nach der Geburt einem anderen Orden zur Obhut übergeben worden sei.

Sarah war in ihrem alten Kloster verblieben und wurde von den anderen Ordensschwestern liebevoll gepflegt. Seit ihrer Schwangerschaft befand sie sich in einer tiefen Depression. Sie war nach der Geburt kaum noch zu bewegen, ans Tageslicht zu kommen. Die meiste Zeit bettlägerig, konnte sie nur hin und wieder an einer Messe teilnehmen.

Keiner konnte mit Bestimmtheit sagen, wie viel Wahrheit in diesen Gerüchten steckte, aber allein die Vorstellung, nur ein kleiner Teil davon könnte sich so zugetragen haben, riss Bernd buchstäblich den Boden unter den Füßen weg.
Auch heute noch plagt ihn eine ganz fürchterliche Erkenntnis. Sarah war und ist die wichtigste Person in seinem Leben.
Er gibt sich allein die Schuld dafür, dass jener Mensch, für den er die tiefste und innigste Liebe empfindet, in ein so tiefes Leid gestürzt wurde. Er gibt sich auch allein die Schuld dafür, dass dort draußen irgendwo ein Kind heranwächst, das weder seine Mutter noch seinen Vater kennt und niemals die innige Liebe seiner Eltern erfahren wird.
Wie an jedem Tag kommt in Bernd auch jetzt wieder das Gefühl von Leere, Trauer, Hoffnungslosigkeit und Resignation hoch.

Nachdem Sarah einen Blick in dieses Leben tun durfte, wird ihr schlagartig klar, warum durch die erste gemeinsame Nacht zwischen Bernd und ihr dieser Rückzug seinerseits in Gang gesetzt wurde.
Auch ihre Seele hatte zutiefst gelitten, aber in ihren Gebeten war stets der Wunsch eingebettet, Gott möge ihnen in einem nächsten Leben eine erneute

Chance geben. Sie fühlt sich nicht schuldig, sondern sieht alles als göttliche Fügung an. Für ihre Seele ist das erneute Zusammentreffen mit Bernd in diesem Leben die Erfüllung all ihrer Gebete.

Bernd hingegen hatte sich selbst vollkommen blockiert, weil er sich vermeintlich so viel Schuld aufgeladen hatte und sich nicht vergeben kann.

Mit dem Wissen über diese ungewöhnliche Ursache wird es Sarah vielleicht gelingen, Bernd ganz sacht und behutsam dahin zu lenken, seine falschen Glaubenssätze und die Gefühle seiner vermeintlichen Schuld endlich zu löschen und zu heilen.
Durch die Erkenntnis der Zusammenhänge gibt es eine reale Chance, dass Bernd und Sarah in diesem Leben endlich ihre Liebe leben und ihr Glück nachholen können.

Partnerschaft

12. Seelenpartner

Im letzten Kapitel über „Liebe und Beziehung" möchte ich von einer Begebenheit erzählen, die wohl mit zu den schmerzhaftesten Erfahrungen zählt, die uns im Zusammenhang mit der romantischen Liebe ereilen kann: die Trennung von einer Dualseele.

Viele Menschen sind der Meinung, die sogenannte „ganz große Liebe" sei nichts weiter als eine Illusion. Diejenigen, die nicht an diese einzigartige Liebe glauben, sind mit Sicherheit noch keinem „wahren" Seelenpartner, noch keiner Dual- oder Zwillingsseele begegnet.
Ein solches Zusammentreffen stellt eine derart einschneidende emotionale Erfahrung für beide Partner dar, dass sie von dem Zeitpunkt an bis zum Lebensende eine extrem tiefe Verbundenheit zueinander verspüren.

In vielen Fällen kommt es nach der ersten Begegnung, dem kurzfristigen Einlassen auf diese einzigartige Liebe, abrupt und meistens völlig unverständlich wieder zu einer Trennung.

Das hängt unter Umständen mit der sehr ähnlichen Schwingung der Seelen zusammen, wenn eigene Unzulänglichkeiten vom Gegenüber intensiv gespiegelt werden. Die Verletzlichkeit zwischen diesen Seelenpaaren scheint jedoch so groß zu sein, dass sie in diesem Stadium einfach nicht konfliktfähig sind. So gehen die Seelenpaare meist sehr schnell wieder auseinander, aber dieser Verlust bedeutet für beide tiefe Traurigkeit und Leere.

In sehr seltenen Fällen kann es vorkommen, dass wir auf einen weiteren, „wahrhaftigen" Seelenpartner treffen, sodass das Gefühl entsteht, sich in einer Art Drillingsverbindung zu befinden. Dieser „Drilling" ist dann ebenfalls in der Lage, diese völlig irrationalen, großen Gefühle in uns auszulösen.
Ein schwerwiegendes emotionales Chaos ist vorprogrammiert, wenn diese Seelenliebe von einem Mann zu zwei Frauen oder von einer Frau zu zwei Männern empfunden wird.
Ich spreche hier nicht von einer Beziehung zu dritt, für die man sich öffnet, um Langeweile und Eintönigkeit in einer bestehenden Partnerschaft zu überwinden. Ich spreche hier von wirklich tief empfundener Liebe, die für zwei Partner gleichzeitig empfunden wird und die keine Entscheidung für den Einen oder Anderen zulässt.
Einen höchst ungewöhnlichen Fall zu diesem Thema möchte ich als Abschluss des Kapitels „Liebe und Beziehung" schildern:
Während sich jede Seele – meist unbewusst – immer auf der Suche nach ihrer zweiten Hälfte be-

findet, scheint es vorzukommen, dass dieser Seele tatsächlich zwei gleichberechtigte Anteile fehlen.
Es wird vermutet, dass es sich zum Beispiel bei der Legende von König Artus, Lancelot und Guinivere um solch eine außergewöhnliche Drillings- Seelenliebe gehandelt haben könnte.

Es gibt einige Bücher zum Thema Seelenverbindungen. Sie berichten von Seelengefährten, Seelenpartnern, Zwillings- bzw. Dualseelen, Zwillingsflammen und dem Zwillingsstrahl. Letztlich spielt es wahrscheinlich keine große Rolle, welche Namen wir diesen Verbindungen geben. Entscheidend ist, dass es solche Seelenpartnerschaften tatsächlich zu geben scheint.
Vielleicht sind zu Anbeginn der Zeit aus einer männlich-weiblichen Ursprungsenergie ein Seelenpaar und daraus wiederum weitere Seelenpaare entstanden. Vielleicht ist ihre gegenseitige Anziehungskraft umso größer, je näher sie zu der ersten und eigentlichen Ursprungsseeleneinheit stehen.
Unverkennbar ist jedenfalls, dass zwischen diesen Seelenpaaren eine beinahe identische Schwingung besteht, die so eindeutig ist, dass diese Menschen sich extrem zueinander hingezogen fühlen und einander immer wieder erkennen.
Gerade in den letzten Jahren ist es dem Anschein nach häufiger zu Begegnungen solcher Zwillings- oder Dualseelen gekommen. Ausgesprochen selten passiert es aber, dass zu der vermeintlichen Dualseele dann noch ein weiterer Seelenpartner hinzu kommt und es sich nicht nur um eine Zwillings-, sondern um eine Drillingsverbindung handelt.

Wie wir in unserem Fallbeispiel sehen werden, führt eine solche Erfahrung zu einer unbeschreiblichen Irritation und bringt die Psyche aller Beteiligten heftig aus dem Gleichgewicht.
Mein Bericht handelt von einer Frau namens Marie und ihren zwei Seelenpartnern Ralf und Tim.

Marie ist Ende vierzig, sehr sportlich, attraktiv, und ausgesprochen lebensbejahend. Zudem befindet sie sich seit einigen Jahren auf dem Weg der Spiritualität und intensiven Selbstfindung.
Ihre Kinder sind bereits erwachsen, und ihre Ehe funktioniert ihrem Empfinden nach und von außen gesehen ziemlich gut.
Marie glaubt, ihren Mann noch immer zu lieben, obwohl durch länger zurückliegende Untreue seinerseits in ihrem Herzen tiefe Wunden entstanden waren. Die Narben dieser Wunden sind noch immer vorhanden und nie ganz verheilt. Es ist für sie ziemlich schwer, ihrem Mann wieder ehrliches Vertrauen entgegenzubringen.
Dennoch ist sie nicht unglücklich. Marie hat neben ihrer Ehe angefangen, ganz gezielt für sich selbst etwas zu tun. So besucht sie regelmäßig Kurse, die sich mit Yoga, Meditation und vielfältigen spirituellen Themen befassen.
In einem dreitägigen Yoga-Workshop traf sie völlig unvorbereitet auf ihren ersten „Seelenpartner", und sie konnte zu jenem Zeitpunkt nicht ahnen, dass das Drama, welches damals seinen Lauf nahm, sich sieben Jahre später wiederholen sollte.
Marie begegnete dem gleichaltrigen, großgewachsenen, in sich ruhenden, aufgeschlossenen und jungenhaft wirkenden Ralf. Er weckte

Emotionen in ihr, von denen sie bisher nicht einmal wusste, dass sie zu solchen fähig war. Es war gleichermaßen ein Gefühl von Wiedererkennen, Sehnsucht, Sentimentalität, Verbundenheit und innerer Unruhe.

Marie und Ralf verbrachten auch außerhalb des Trainings viel Zeit miteinander. Sie waren sich auf unerklärliche Weise so vertraut, dass sie dem anderen ohne jeden Vorbehalt ihr Leben offenbarten, von ihren Träumen, ihren Freuden und auch ihrem Kummer erzählten. In der Gegenwart des anderen fühlten sie sich auf unerklärliche Weise angekommen, ganz und vollständig.
Keiner von beiden war dazu fähig, den Kontakt nach dem Workshop wieder abzubrechen. Obwohl beide in ihrer Ehe bisher nie in die Verlegenheit eines Seitensprungs geraten waren, kam es, wie es kommen musste: Vier Monate nach ihrer Begegnung verbrachten Ralf und Marie ihre erste gemeinsame Nacht.
Seit ihrem Zusammentreffen gab es zwischen ihnen eine innige Berührung der Herzen. Aber nach der ersten gemeinsamen Nacht dehnte sich diese Berührung der Herzen auf ihre Seelen aus.
Für beide schien es unmöglich, mit dieser Ausnahmesituation auch nur annähernd vernünftig umzugehen. Eines stand ziemlich schnell unumstößlich fest: Sie konnten diese Liebe nicht mit dem Verstand steuern. Ein rechtzeitiger Rückzug beider Seiten wäre die einzige Möglichkeit gewesen, ihre Ehen zu retten, aber für diesen Rückzug war es bereits viel zu spät.

Marie tat als erste den alles entscheidenden Schritt und beichtete ihrem Ehemann die schmerzhafte Wahrheit. Sie konnte und wollte nicht mit dieser Lüge leben, und die Gefühle Ralf gegenüber waren so stark in ihr, dass sie sich nicht imstande sah, ihre Ehe aufrichtig und glücklich weiterführen zu können.
Sie zog noch am selben Tag zu einer Freundin und trennte sich von ihrem Mann – in der Hoffnung, eines Tages wieder in einem freundschaftlichen Verhältnis zu ihm stehen zu können.

Marie hoffte außerdem inständig, dass auch Ralf seinem Herzen folgen würde. Aber dieser machte ihr unmissverständlich klar, dass es viele gewichtige Gründe gebe, warum er seine Ehefrau nicht einfach verlassen könne.

Für Marie brach eine Welt zusammen. Die Option einer Dauer-Geliebten an Ralfs Seite war für sie absolut undenkbar. Sie hatte ihrer Meinung nach keine andere Wahl, und so verabschiedete sie sich kurze Zeit später unter kaum zu ertragenden Schmerzen, auch aus Ralfs Leben und damit von ihrer ganz großen Liebe.

Marie wusste sehr genau, dass sie sich selbst und auch Ralf mit dieser Entscheidung eine unbeschreibliche Verletzung zufügte, aber sie sah einfach keinen anderen Ausweg.
Wie erwartet, traf Ralf die Mitteilung von Marie zutiefst. Er trat ihr gegenüber den vollständigen Rückzug an. Alle ihre Versuche, noch einmal mit Ralf zu sprechen, ihre Beweggründe und Gefühle zu erklä-

ren, scheiterten an seinem eisernen und standhaften Rückzug.

Nun hatte Marie in kürzester Zeit ihren Ehemann und auch Ralf aufgegeben bzw. verloren. Doch sie hatte so handeln müssen, um sich selbst treu zu bleiben.
Sie fiel in eine schwere Depression, stürzte immer tiefer ins Bodenlose und grübelte darüber nach, welchen Sinn das Leben noch haben sollte. Es folgten Monate der Einsamkeit, der unglaublichen Trauer, von tiefem Leiden und kaum zu ertragender Hoffnungslosigkeit.
Irgendwann erwachte in Marie die Kämpfernatur. Sie beschloss, Ralf loszulassen und ihren eigenen Weg zu finden, so wie es viele Frauen vor ihr in ähnlichen Fällen auch geschafft hatten.
Sie befand sich nicht umsonst auf dem spirituellen Weg und hatte schließlich genug Lebenserfahrung, um zu wissen, dass die Zeit im Stande war, alle Wunden zu heilen. Viel später musste sie jedoch erstaunt feststellen, dass jene Lebensweisheit für das Verheilen von Wunden in Bezug auf eine Zwillingsseele leider keine Gültigkeit hat.

Es waren sieben Jahre vergangen. Marie stand wieder mitten im Leben, und der kaum zu ertragende Herzschmerz hatte langsam nachgelassen. Die Wunde war noch hin und wieder zu spüren, und es war eine versteckte Sehnsucht zurückgeblieben.
Es gab noch immer Situationen, in denen diese Sehnsucht nach Ralfs Nähe machtvoll zurückkehrte: zum Beispiel besonders schöne Augen-

blicke in der Natur oder auch sentimentale, traurige Texte und Melodien, denen Marie ab und an zuhörte. Dann waren nicht nur die Sehnsucht, sondern auch der Schmerz noch einmal zu spüren.
Marie glaubte, trotz allem wieder offen zu sein, und sehnte sich nach einer neuen, liebevollen Partnerschaft. Dennoch begegnete ihr in all den Jahren kein Mann, der ihre Seele wie Ralf hätte berühren und auch nur ein annähernd starkes Gefühl hätte auslösen können.
Das sollte sich erst ändern, als sie bei einem weiteren Yoga-Seminar einen ganz besonderen, charismatischen jungen Mann mit Namen Tim näher kennenlernen sollte.

Der „Zufall" wollte es, dass sich Tim und Marie bereits beim ersten gemeinsamen Frühstück des Seminars gegenübersaßen. Sie stellte fest, dass es sich bei Tim um eine absolute Frohnatur handelte. Er war durch und durch positiv eingestellt, vielseitig interessiert, redegewandt und sehr humorvoll. Eine seltene Mischung aus sehr männlichen, aber auch positiv weiblichen Attributen. Er machte einen sehr sportlichen, durchtrainierten und zielorientierten Eindruck, schien aber gleichzeitig eine sehr feine, positive Sensibilität zu besitzen. Dies konnte Marie auch später während des Yoga-Trainings an ihm erkennen.
Tim konnte bei allen Themen interessiert zuhören und einfühlsam reagieren. Später erzählte er auch von seiner Freundin, mit der er seit drei Jahren in einer festen Beziehung lebte. Er berichtete weiter, dass alle möglichen spirituellen Themen bei ihm auf großes Interesse stoßen würden, welches jedoch

seine Lebensgefährtin leider nicht mit ihm teilen würde.

Zwischen Tim und Marie gab es etliche, gerade auch spirituelle Themen, über die sie sich angeregt unterhielten. Es gab auch immer wieder Momente, in denen sie aus vollem Herzen miteinander lachen konnten. Das hatte zur Folge, dass Tim irgendwann etwas irritiert die Bemerkung fallen ließ: „Es fühlt sich beinahe so an, als würden wir nicht das erste Mal zusammen lachen!" Marie verspürte am ganzen Körper eine Gänsehaut, und sie wusste damals bereits, dass Tim mit dieser Feststellung recht haben musste.
Zwischen den beiden entwickelte sich eine ganz besondere Freundschaft. Egal, ob sie nach dem gemeinsamen Seminar miteinander telefonierten, sich schrieben oder sich verabredeten. Da war stets eine ganz besondere Schwingung zwischen ihnen, die ganz tief das Herz und die Seele berührte, obwohl Tim wesentlich jünger war und zwischen beiden ein recht großer Altersunterschied bestand.

Es stellte sich heraus, dass Ralf und Tim aus demselben Ort kamen und sich persönlich kannten, da sie einander bei ihren sportlichen Aktivitäten schon einige Male begegnet waren. Tim erzählte, dass zwischen beiden von Anfang an eine deutliche, gegenseitige Sympathie bestanden hatte.
Irgendwann schenkte Marie, ohne besonderen Anlass, Tim einen Glücksbringer, über den er sich wie ein kleiner Junge freuen konnte. Er nahm sie ganz fest in den Arm und wollte sie gar nicht mehr loslassen. Zu Weihnachten machte er ihr ein ganz

besonderes Geschenk: Er schrieb für Marie ein wunderschönes Gedicht, das er mit winterlichen Motiven umrahmte. Ein anderes Mal schickte er ihr ein Bild, auf dem sich zwei kleine Engel unschuldig küssten und umarmten.
Es war schwer zu beschreiben, auf welche Weise Marie und Tim zueinander standen, aber es war unbestritten ein Gefühl von tiefer Liebe, durch welche beide miteinander verbunden waren.

Eines Tages stellte Tim die folgenschwere Frage:
Was ist das eigentlich zwischen uns? Ist da wirklich nur Freundschaft? Ist das eine Art von Geschwisterliebe? Oder schwingen auch romantische Gefühle mit hinein?

Es fiel Marie nicht leicht, diese Frage zu beantworten, aber wenn sie ehrlich war, und etwas anderes kam für sie nicht in Frage, dann musste sie feststellen, dass von allem etwas dabei war: Tim war für sie ein Bruder, der beste Freund, manchmal wie ein Sohn oder auch Vater, und hin und wieder war auch ein romantischer Aspekt spürbar.
Es war eine Art von Liebe, die irgendwie sämtliche Aspekte umfasste, obwohl der romantische bisher noch keinerlei Ausdruck gefunden hatte.

Maries ehrliche Antwort hatte zur Folge, dass Tim den Kontakt abrupt beendete und völlig auf Distanz ging. Aus seinem letzten Brief ging hervor, dass er sich leer und traurig fühle, aber dass diese Wahrheit ihm Angst mache. Er bringe es auch nicht fertig, jemanden zu verletzen oder weh zu tun. Er bedankte sich aus tiefstem Herzen für die ganz besondere Zeit mit ihr und verabschiedete sich für immer.

Nun kannte Marie den Fall ins Bodenlose bereits, diese Hilflosigkeit, Traurigkeit und Hoffnungslosigkeit, aber das machte die Sache nicht leichter.
Sie war diesmal auch wütend und enttäuscht, aber ihre Vernunft und ihr Verstand konnten Tims Reaktion durchaus verstehen und nachvollziehen.
Es sollten noch drei weitere Jahre vergehen, bis Marie die Möglichkeit bekam, durch eine Rückschau auf ein vergangenes Leben Licht ins Dunkel zu bringen.

Die Rückführungstherapeutin schaut in ein Leben, das sich Ende des 19. Jahrhunderts ereignet haben muss. Da karmisch gesehen eine nur sehr kurze Zeitspanne von ca. 130 Jahren vergangen ist, scheint es sich um Maries letzte Inkarnation zu handeln. Es ist relativ selten, dass ein vergangenes Leben so nah an der Gegenwart liegt, aber dieser Umstand erklärt auch die überdeutliche Erinnerung der betroffenen Personen.
Marie, Ralf und Tim hatten in jenem Leben selbstverständlich andere Namen, aber zum besseren Verständnis werden die jetzigen in der Rückschau beibehalten.

Unsere Geschichte ereignet sich auf einer etwas größeren Insel, der Nordseeküste vorgelagert. Marie ist ein Einzelkind und die Tochter des Schulmeisters der Insel. Ralf und Tim sind Brüder und gehören zu einer alteingesessenen Fischerfamilie. Es ist selbstverständlich, dass die beiden Jungen, genau wie ihr

Vater und Großvater, den Fischfang betreiben, aber die Jungen sind nicht besonders glücklich mit dieser angeblichen Selbstverständlichkeit. Ralf, der ältere, sensiblere Bruder, interessiert sich sehr für die Natur, die Tiere, das Zusammenspiel der kosmischen Kräfte, und er verbringt viele Stunden seiner Freizeit in den Dünen und am Strand.

Tim, der jüngere Bruder, ist wild, aufgeschlossen, abenteuerlustig und würde am liebsten die Insel verlassen, um die große weite Welt kennenzulernen. Obwohl die Brüder sehr unterschiedlich in ihrem Naturell sind, hängen sie doch sehr aneinander. Sie sind nicht nur Brüder, sondern auch die allerbesten Freunde, und keiner von beiden kann sich vorstellen, den anderen nicht mehr in seiner Nähe zu wissen.

Als Ralf sich mit 16 Jahren unsterblich in Marie, die 14-jährige Tochter des Schulmeisters verliebt, ist er nach Ansicht seines 12-jährigen Bruders Tim nicht mehr ganz zurechnungsfähig. In dessen Augen denkt, sagt und tut Ralf von diesem Tag an nur noch ziemlich verrückte Dinge und alle diese Dinge haben in irgendeiner Weise mit Marie zu tun.

Marie liebt Ralf ebenfalls von ganzem Herzen und mit ganzer Seele. Sie verbringen gemeinsam viel Zeit in der herrlichen Natur ihrer Insel. Sie spazieren Hand in Hand durch die Weite des Wattenmeers, liegen ausgestreckt in den Dünen und beobachten die kreischenden Möwen. Sie träumen von einer gemeinsamen Zukunft und können sich nicht vorstellen, dass irgendetwas auf der Welt sie trennen könnte.

Die Erkenntnis, dass letzteres sehr wohl passieren

kann, erwächst ausgerechnet durch die Präsenz von Tim, Ralfs jüngerem Bruder.
Es sind einige Jahre vergangen. Marie und Ralf sind mittlerweile verlobt und wollen noch in diesem Jahr heiraten.
Mitten im Hochsommer feiern alle Bewohner der Fischerinsel wie in jedem Jahr ein ganz großes Fest: ihr Sommerfest. Die ganze Insel ist bunt geschmückt, und nahezu alle Bewohner treffen sich am Sonntagnachmittag auf dem großen Hafenplatz. Dort wird gegessen, gefeiert und getanzt bis in die tiefe Nacht hinein.
Ausgerechnet an diesem Tag muss Ralf das Bett hüten. Er leidet schon länger an einer schweren Erkältung und hatte sich bisher nur wenig geschont. Jetzt war ein heftiger Fieberschub hinzugekommen, und dieser zwingt ihn, einige Tage auszuruhen. Ralf hatte seinen Bruder Tim gebeten, Marie zum Sommerfest zu begleiten. Für Tim ist das eine besondere Freude, denn auch er hat Marie längst ins Herz geschlossen. Er mag sie sehr und kann sich für seinen Bruder keine bessere Frau vorstellen.

Tim und Marie unterhalten sich während des Festes prächtig. Sie scherzen, sie lachen und tanzen ausgelassen miteinander. Spät am Abend, bereits bei völliger Dunkelheit, bringt Tim Marie nach Hause, aber sie wählen einen Umweg und gehen barfuss am Meer entlang. Der Mond spiegelt sich mit kleinen silbernen Lichtern auf der heute ruhigen schwarzblauen Wasseroberfläche, und aus der Ferne dringen noch die Musik und das fröhliche Treiben der Feiernden an ihr Ohr.

Irgendwann bleibt Tim zögernd stehen, nimmt ganz zärtlich und behutsam Maries Gesicht in seine Hände, und ihre Lippen treffen sich zu einem langen Kuss, der beide wie eine glühende Flamme durchzuckt.
Es fühlt sich an, als höre die Welt für einen Augenblick auf sich zu drehen. Als ihre Lippen sich wieder trennen, bleiben Tim und Marie in inniger Umarmung noch einen Moment stehen. Dieser Moment erscheint ihnen wie ein Blick in die Ewigkeit.
Nach diesem Ereignis verändert sich alles im Leben von Marie, Ralf und Tim. Marie und Tim plagen sich mit tiefen Schuldgefühlen und hoffen, dass sie diesen Moment der Schwäche irgendwann vergessen und sich vergeben können. Es gelingt nicht.
Marie hegt nach wie vor eine tiefe und ehrliche Liebe zu Ralf, aber seit jenem Abend nach dem Sommerfest wütet in ihrem Herzen auch eine unerfüllte Sehnsucht nach Tim.
Ihm ergeht es nicht anders. Er kann die Gefühle für Marie nicht verdrängen, schafft es nicht, sich für eine andere Frau zu interessieren, und er kann mit den Schuldgefühlen seinem Bruder gegenüber kaum noch leben.
Seine unbeschwerte, fröhliche Natur wird immer schwermütiger, und eines Tages bricht die Wahrheit aus ihm hervor. Er glaubt, dies sich selbst, Marie und seinem Bruder schuldig zu sein. Er offenbart seinem Bruder die ganze Wahrheit ausgerechnet an jenem Tag, als dieser Tim bitten will, Trauzeuge für ihn und Marie zu sein.
Wieder sind einige Jahre ins Land gezogen, *und es ist Ralf, der von den Dünen aus auf das tosende*

Meer schaut. Seine Wut und sein Hass auf diese tobende Brandung hatten sich beruhigt. Wenige Monate nach Tims Geständnis war die körperliche Hülle von Marie nach ihrem Freitod an den Strand gespült worden. Damals waren Wut und Zorn noch übermächtig in Ralfs Seele.

Marie war seinerzeit zu ihrem Vater zurückgekehrt und in eine tiefe Depression gefallen. Viele Stunden hatte sie allein am Strand gesessen und aufs Meer geschaut, mit dem sie einzig und allein Zwiesprache hielt. Die Erkenntnis und Tatsache, dass sie für beide Brüder eine tiefe Liebe empfand, ließen sie keine Möglichkeit sehen, ihr Leben irgendwie in Frieden weiterführen zu können.

Tim hatte unmittelbar nach dem Gespräch mit Ralf seinen Rucksack geschnürt und war ohne Abschied mit einem Fährschiff davongefahren. Vielleicht in die große weite Welt, aber ohne Ziel.

Ralf war zurückgeblieben – mit einer tiefen Wunde im Herzen, einem stechenden Schmerz in der Seele und mit der Gewissheit, sich nie mehr auf Gefühle von so tiefer und inniger Liebe einlassen zu wollen.

Liebe bringt Verletzung, Schmerz, Traurigkeit, Verzweiflung, Leid, Hoffnungslosigkeit, Einsamkeit und Leere. Diese Erkenntnis hatte seine Seele ganz tief abgespeichert. Er würde sich niemals wieder einlassen können auf die „ganz große Liebe".

Zu dieser traurigen Erkenntnis und diesem Entschluss kamen nacheinander auch die Seelen von Marie und Tim.

Solche Rückführungen lassen nicht nur bei den beteiligten Klienten die Tränen in Strömen fließen, sondern sie berühren auch den Therapeuten zutiefst.
Augenscheinlich sind hier drei Menschen in tiefer Liebe miteinander verbunden, aber nach dem Erlebten haben alle drei abgrundtiefe Angst vor dem Einlassen auf die „wahre, die wirklich große Liebe".
Der unbewusste Glaubenssatz dieser drei Menschen – „das Einlassen auf die „große Liebe" bringt unweigerlich tiefes Leid mit sich" – stellt eine schwerwiegende Blockade, einen ungelösten, seelischen Konflikt dar.
Gibt es überhaupt einen Ausweg aus solch einem Dilemma? Gäbe es eine reelle Chance, diesen karmischen Konflikt zu lösen?

Wenn sich zwei Seelenpartner bereits gefunden und auf ihre Liebe eingelassen haben, dann müssen Respekt und Liebe des dritten Seelenpartners größer und stärker sein als der Moment der emotionalen oder körperlichen Versuchung und Schwäche.
Das ganze Ausmaß von Sehnsucht, Traurigkeit und Leiden scheint erst dann zum Tragen zu kommen, wenn romantische, körperliche Nähe zugelassen wird.
In jedem Fall müssen sich das Unterbewusstsein, die Seelen von Marie, Ralf und Tim irgendwann von ihrer Blockade gegen die „große Liebe" trennen. Der Seelenschmerz kann sonst nicht heilen. Sie müssen irgendwann demonstrieren, in diesem, oder einem anderen Leben, dass es sehr wohl möglich ist, sich mit einem Seelenpartner auf die „große

Liebe" einzulassen, ohne einen anderen zu verletzen.

Durch die Rückführung konnte Marie den tiefen Konflikt von Ralf und Tim ihr gegenüber vollkommen verstehen. Das Verhalten der beiden ergab sich hauptsächlich durch ihre Erinnerungen und die Angst vor Schuldgefühlen und Verletzung.

Durch ihren spirituellen Weg wusste Marie sehr genau, dass Angst die größte Blockade im Leben jedes Menschen darstellt. Ganz bewusst hatte sie selbst sich immer wieder der Liebe zugewandt, da Angst nur durch Liebe geheilt werden kann.

Nach einer zusätzlichen, energetischen Blockadenlösung konnte Marie jetzt mit sich selbst und ihren beiden Seelenpartnern endlich Frieden schließen.

Es war die Aufgabe von Ralf und Tim, an ihre eigenen Ängste heranzukommen und irgendwann zuzulassen, dass ihre Liebe stärker würde als jede Angst.

Marie war diesen Schritt bereits gegangen, und sie wünschte sich von ganzem Herzen, dass die „beiden anderen Teile ihrer Seele" diesen Frieden auch fänden.

Sie war jetzt endlich wieder offen und frei für eine glückliche und freudvolle Partnerschaft mit einem Mann, der seine Altlasten und Ängste bereits losgelassen hatte. Einem Partner, der sich voll und ganz auf die Liebe zu ihr würde einlassen können und wollen, auch wenn diese Liebe sich in der Intensität anders anfühlen würde, als zu Ralf und zu Tim.

Zusammenfassend für das Thema „Partnerschaft" ist Folgendes anzumerken:

Wann immer die Liebe zu einem anderen Menschen nicht hauptsächlich durch positive Gefühle erfahren wird, dann gibt es zwischen diesen Menschen alte, manchmal sehr alte unaufgearbeitete Muster.
Auch wenn wir die Möglichkeit einer Rückführung noch nicht in Betracht ziehen, sollten wir unser Unterbewusstsein doch mit der Frage konfrontieren: Aus welchem Grund ist die Beziehung zu einem Menschen leidvoll und unbefriedigend?

Wir sollten nicht versuchen, die Frage mit dem Kopf zu lösen. Wenn wir diese Frage nur oft genug wiederholen, dann wird die Seele einen Weg finden, um uns den entsprechenden Hinweis zu geben. Man spricht auch von Synchronizitäten, die dann in unser Leben treten. Es können Träume sein, ein Film, ein Buch, das uns in die Hände gelegt wird, die Geschichte eines anderen Menschen, die man uns gerade erzählt.
Wenn wir offen sind und mit dem Herzen oder dem Bauchgefühl versuchen wahrzunehmen, dann zeigt sich auch für unser eigenes Drama plötzlich ein roter Faden. Allein das Wissen darüber, dass die meisten Beziehungen, die wir eingehen, karmischer Natur sind, wird für unser Verständnis schon vieles bewirken.
Wenn wir die negativ empfundenen Gefühle mit der jetzigen Realität vergleichen, dann erkennen wir sehr schnell, ob es sich um alte Muster handelt und

ob wir mit einem Mitglied unserer Seelenfamilie noch etwas zu klären haben.

Gesundheit - Krankheit

Gesundheit

13. Krankheit als Hilferuf der Seele

Der Wunsch nach Gesundheit, möglichst bis ins hohe Alter, dürfte bei fast allen Menschen die erste Stelle auf ihrer Wunschliste einnehmen.
Wir empfinden Krankheit in den meisten Fällen als negativ, störend, unabänderlich, und es erscheint ausgesprochen wichtig, dass wir unsere Einstellung zu dem Wort Krankheit von Grund auf verändern.
Krankheit ist ein Zustand außerhalb der Norm und spiegelt die Abwesenheit von Gesundheit wider. Wir setzen also meist alles daran, den Körper in die gesunde Norm zurückzubringen. Diese Maßnahme ist allerdings keineswegs ausreichend, da unser Körper nicht ohne Grund eine Krankheit zum Ausdruck bringt.
Bei jeder körperlichen Erkrankung sollten wir zunächst einmal nach einer seelischen Ursache Ausschau halten. Der Körper ist immer ein Spiegel unserer Seele und unseres Geistes.
Auch in der Schulmedizin hat die Kenntnis über die psychosomatischen Erkrankungen einen wichtigen Platz eingenommen.
Was würde es jedoch bedeuten, wenn alle Erkrankungen, welcher Art auch immer, einzig und

allein den Hinweis auf ein Ungleichgewicht in der Seele, einen unerlösten Konflikt, eine Blockade, ein unaufgearbeitetes Karma geben wollten?
Es würde unsere Einstellung zur Krankheit komplett verändern, und es würde auch bedeuten, dass wir uns nicht ausschließlich um die Symptome und deren Bekämpfung kümmern, sondern hauptsächlich um die Frage der alles entscheidenden Ursache.

Nicht nur in der chinesischen Medizin, sondern ebenso in der Psychokinesiologie hat man herausgefunden, dass ganz bestimmte Gefühle ganz bestimmten Organen zugeordnet werden können. Einige dieser Zusammenhänge sind uns allen geläufig: Uns schlägt etwas auf den Magen, die Galle läuft über, etwas bereitet uns Herzschmerz, wir reagieren allergisch. Es gibt etliche Beispiele dafür, dass wir bereits in der Umgangssprache genau diese Verknüpfungen herstellen.
Das würde bedeuten: Krankhafte Beschwerden resultieren nicht aus der Erkrankung eines Organs, der Knochen, der Blutgefäße, der Gelenke usw., sondern unser Körper erkrankt deshalb, weil ein negatives Gefühl, ein ungelöster seelischer Konflikt in unserem Unterbewusstsein, unserer Seele gespeichert ist.
Als Beispiele möchte ich solche Konflikte den Organen Lunge, Leber und Niere sowie dem Kreislauf zuordnen. Wer mit diesen Organen ein Problem hat oder hatte, wird auch die dazugehörigen Gefühle sehr gut kennen.
Die Lunge wird in Zusammenhang gebracht mit chronischem Kummer, Traurigkeit, Sehnsucht, Einschränkung, hin und wieder auch mit Arroganz.

Die Leber steht für Wut, Verzweiflung, mangelnde Anerkennung, Unzufriedenheit, Vermeiden von Problemen.
Wenn die Niere erkrankt, hat der betroffene Mensch aller Wahrscheinlichkeit nach ein Problem mit Angst, Schuldgefühlen, Richtungslosigkeit oder mangelnder Motivation.
Bei Kreislaufproblemen steht die Ursache häufig mit enttäuschter Liebe, Trauer, plötzlichem Schock und mangelnder Nähe und Wärme in Zusammenhang.

Dabei können nur einzelne oder auch mehrere der genannten Gefühle ausschlaggebend sein. Meistens sind wir uns dieser Gefühle jedoch nicht bewusst, wir schauen nicht genügend hin oder haben sie ganz einfach verdrängt.
Gerade in solchen Fällen reagiert der Körper über kurz oder lang mit den unterschiedlichsten Erkrankungen, deren Ursache wir meistens in den Organen selbst suchen.
Es scheint sich jedoch immer mehr zu offenbaren, dass die Gesundheit unseres Körpers, unserer Organe die Gesundheit unseres Geistes und unserer Seele widerspiegelt.

Gesundheit

14. Schmerz und Schuldgefühle

Jürgen, ein Mann mittleren Alters, ehemaliger Leistungssportler mit einer beinahe hünenhaften Statur, hat nur noch wenig Lebenswillen in sich.
Man sieht ihm die fürchterlichen Schmerzen, unter denen er seit Jahren leidet, nur selten an. Die Schulmedizin steht vor einem Rätsel, da sämtliche Untersuchungen zu keiner eindeutigen Diagnose geführt haben. Jürgens Schmerzen betreffen seinen gesamten Körper, zeigen sich Rheuma-ähnlich, sind aber nicht als solches zu diagnostizieren. Auch alle anderen bekannten neurologischen, Muskel- und Gelenkserkrankungen finden nicht ihre Bestätigung.
So ist Jürgen gezwungen, seit Jahren eine hohe Dosis Cortison und eine sich kontinuierlich steigernde Anzahl von Schmerztabletten einzunehmen. Dennoch werden die Tage immer häufiger, in denen er nicht einmal in der Lage ist, sich die Schuhe selbst zuzubinden. An sportliche Aktivitäten, die Jürgen all die Jahre so wichtig waren, ist schon seit langem nicht mehr zu denken.
Sein dauerhafter, bisher nicht zu behandelnder schlechter Zustand belastet nicht nur ihn selbst aufs

äußerste, sondern gleichzeitig die gesamte Familie. Es gibt kaum noch Möglichkeiten für die diese, gemeinsam etwas unternehmen zu können, sich miteinander wohlzufühlen und Spaß zu haben.

Jürgen hat längst sämtliche Hoffnung auf Besserung aufgegeben, als er über ein befreundetes Ehepaar von der Möglichkeit erfährt, an die Ursache einer solch austherapierten Erkrankung über eine karmische Rückführung heranzukommen.
Bisher bezeichnete Jürgen solche Vorgehensweisen eher als esoterischen Humbug und Spinnerei, aber mittlerweile steht er unter einem solchen Leidensdruck, dass ihm keine Möglichkeit der Auflösung zu verrückt erscheint.
Mit einer gewissen Skepsis und dennoch einem Funken Hoffnung lässt er sich auf eine Rückführung ein, die allerdings erst beim dritten Versuch erfolgreich durchgeführt werden kann. Offenbar hat Jürgens Seele sich zunächst vehement gesträubt, mit den Geschehnissen, die ursächlich für seine heutigen chronischen Schmerzen stehen, noch einmal konfrontiert zu werden.

Wir befinden uns in Frankreich, Anfang des 14. Jahrhunderts in der Nähe von Toulouse.
Jürgen, damals mit Namen Jean, bewegt sich unter einer leichten Anspannung auf eine Art Kerker zu, der zu einer kleineren, klösterlichen Anlage gehört. Er hatte die Morgenmesse mit seinen Brüdern bereits hinter sich gebracht und mit seinem Freund und Vertrauten, Bruder Henri, den direkten Weg zu jenem Verlies eingeschlagen, das sich nördlich vom Kirchenschiff befindet. Als die beiden Ordensbrüder

dort eintreffen, umfängt sie ein leicht modriger Geruch und ein diffuses Licht, das dem Kerkerraum eine bedrückende Atmosphäre verschafft.

Jean und Henri gehören seit Jahren zu den Mitarbeitern der Inquisition. Es ist nicht so, dass Jean diese Wahl vollkommen freiwillig getroffen hätte. Es ist vielmehr so, dass bereits sein Vater zu den Inquisitoren gehörte und es für ihn als erstgeborenen Sohn eine Ehre darstellt, für diese Position auch vorgesehen zu werden.

Gerade die Priester der Inquisition leben in ihren eigenen Augen ein besonders gottesfürchtiges Leben, denn sie glauben zutiefst daran, unter anderem mit der Ausübung von Folter dem wahren Glauben und ihrem Schöpfer am besten dienen zu können. Für sie sind es Hexen und Dämonen, die als Ungläubige verkleidet der Welt und insbesondere der Kirche großen Schaden zufügen können und wollen.

Ein solch „Ungläubiger" war bereits in den Folterraum gebracht worden, und es ist nun Jeans und Henris Aufgabe, diesen Mann zum Reden zu bewegen.

Er soll den geheimen Treffpunkt einer ketzerisch agierenden Gruppe preisgeben, die bei der Kirchenführung schon lange in Ungnade gefallen war.

Der junge Mann im Alter von ungefähr 25 Jahren macht einen ausgemergelten, teilnahmslosen Eindruck. Sie hatten ihn in völliger Dunkelheit mehrere Tage allein gelassen. Man hatte ihm die Nahrung, und, was viel schlimmer war, das Wasser auf ein Minimum rationiert, aber der junge Mann hat seit

seiner Gefangennahme kein Wort mehr gesprochen.
Auch angesichts der Folterinstrumente zeigt er keinerlei Regung und bleibt vollkommen stumm.
Jean (Jürgen) spürt diese leichte Erregung, die immer dann in ihm aufsteigt, wenn er sich der Bilder und Gefühle erinnert, die bei vergangenen Folterungen in ihm ausgelöst wurden.
Es ist beileibe nicht so, dass er Freude dabei empfindet, wenn ein vermeintlicher Gottesgegner sich unter stärksten Schmerzen windet. Es ist nur so, dass Jean der festen Überzeugung ist, das Richtige zu tun. Etwas, was aus Treue zum rechten Glauben getan werden muss, mit aller Konsequenz und aller erforderlichen Härte.
Jean und Henri führen den gefesselten, willenlos folgenden jungen Mann zu einer Art eiserner Rüstung. Es handelt sich um einen Metallkasten, der inwendig mit lauter verschieden langen Dornen versehen ist, die nicht nur in Richtung Arme, Beine und Brustkorb, sondern vor allem auch in Richtung der einzelnen Organe und der Geschlechtsteile gerichtet sind. Der „Ungläubige" wird in den geöffneten Kasten gelegt, dort fixiert, und dann werden die einzelnen Kastenteile über eine Drehvorrichtung ganz langsam, aber unaufhaltsam geschlossen. Bis der Gefolterte in einer Art Dornenrüstung vollkommen eingeschlossen ist. Während nach und nach die einzelnen Rüstungsteile verschlossen werden, bohren sich die Dornen unaufhaltsam in den Körper des Opfers.
Jean kennt nicht die Einzelheiten, welch ketzerischer Verbrechen dieser junge Mann und seine Freunde angeklagt sind. Er weiß nur, dass die Fol-

ter ein von der Kirche, und damit auch von Gott, gewolltes Werkzeug ist, um die „Ungläubigen" zum Reden zu bringen oder zu bestrafen. Aber bei seiner jetzigen, nochmaligen Frage, ob der Gefangene endlich reden wolle, erwartet Jean eigentlich keine Antwort.
Dieser Mann hatte bisher alle Qualen über sich ergehen lassen, ohne auch nur ein einziges Wort von sich zu geben. Auch angesichts dieses grässlichen Folterinstruments bleibt er vollkommen emotionslos. In seinen Augen ist nicht einmal mehr Angst, Wut oder Verzweiflung zu sehen. Sein Blick ist nur noch stumpf und leer.
Als die Dornen anfangen, sich in sein Fleisch zu bohren, dringen aus der Kehle des jungen Mannes eher tierische als menschliche Laute. Jean und Henri sind bereits abgestumpft gegen diese qualvollen Töne und Schmerzensschreie. Sie erledigen einfach ihre Aufgabe „im Namen des Herrn."

Dieses tiefe Gefühl, absolut das Richtige zu tun, ist auch bei Jean ganz tief verwurzelt. Dennoch zeigt sich bei ihm während der grausamen Folterungen immer häufiger ganz zaghaft noch ein weiteres Gefühl, das sich nur als Mitgefühl beschreiben lässt. Sicher, dieser Abschaum hat es nicht anders verdient. Aber predigte der Herr nicht auch Mitgefühl für alle Geschöpfe, egal ob gut oder böse? Dieses Mitgefühl in Momenten der größten körperlich-seelischen Qual der Gefangenen macht Jean sehr zu schaffen, und er wagt nicht, mit irgendjemandem darüber zu sprechen. Einen Menschen zu quälen, ihm Schmerzen zuzufügen und gleichzeitig für ihn Mitleid zu empfinden, das ist für Jean eine moralische Gratwanderung, die seine Seele als Mensch und als Priester immer mehr belastet.

Nachdem sich dieses Bild nach und nach wieder auflöst, sind alle Beteiligten erst einmal sehr still und ziemlich betroffen.

Die Erinnerung an solch grauenvolle Geschehnisse zu Zeiten der Inquisition selbst und insbesondere die direkte Inkarnation von Jürgen während dieser Zeit zeigt ganz klassisch einen schwerwiegenden, ungelösten, seelischen Konflikt. Dieser gipfelte darin, dass in Jürgens Unterbewusstsein der Wunsch aufgeflammt ist, für seine Taten zu sühnen, Buße zu tun. Aus diesem Grund hat seine Seele beschlossen, sich selbst zu bestrafen, und zwar mit genau den gleichen Schmerzen, die er damals den von ihm gefolterten Menschen zugefügt hatte.

Es waren unerträgliche Schmerzen im gesamten Körper, in der Muskulatur, den Knochen und in den Gelenken.

Genau unter diesen Schmerzen litt Jürgen jetzt schon viele Jahre, aber seine Seele hatte wiederum das Gefühl, genau das Richtige zu tun, indem sie diesen Phantomschmerz inszenierte. Im christlichen Glauben tief verwurzelt kannte seine Seele die Möglichkeit, durch Selbstkasteiung Buße zu tun und sich reinzuwaschen.

Die Heilung muss jetzt über Jürgens Verständnis geschehen, indem er sich klarmacht, dass er in jenem damaligen Leben kaum eine Chance hatte, anders zu handeln. Der Glaube, in dem Jürgen erzogen worden war, ließ nur wenig Spielraum für eigene moralische Betrachtungen. Er muss sich auf

tiefster Ebene selbst vergeben können, und das ist der allerwichtigste Schritt im Heilungsprozess.
Vielleicht möchte seine Seele, zum Beispiel in einem Gebet, auch all jene Menschen um Vergebung bitten, denen er so große körperliche und auch seelische Schmerzen zugefügt hat. In jedem Fall ist Vergebung hier der Grundpfeiler, um Jürgens psychosomatische Erkrankung Schritt für Schritt in die Heilung zu führen.

Ein Jahr später ist Jürgen vollkommen schmerzfrei, und er kann auch dem von ihm so sehr vermissten Sport wieder nachgehen. Er hat mittlerweile das intensive Training für eine erfolgreiche Basketball-Juniorenmannschaft übernommen.

In diesem Fallbeispiel wird überdeutlich, wie eng unsere falschen, einengenden Glaubenssätze mit negativen Erfahrungen im derzeitigen Leben verknüpft sind. Nicht immer ist die erste Ursache so klar ersichtlich wie in Jürgens Fall. Manchmal spielen mehrere Faktoren eine Rolle, aber mit genügend Präzision und Geduld ist es fast immer möglich, die Ursachen einer physischen oder psychischen Erkrankung herauszufinden.

Gesundheit

15. Ablehnung und Allergien

In unserem nächsten Fall möchte ich die Geschichte einer jungen Frau erzählen, die medizinisch unerklärbar über eine Vielzahl von Allergien verfügt, die augenscheinlich in keinerlei Zusammenhang stehen.

Sehr oft ist in den allergischen Reaktionen ein roter Faden zu erkennen. Man ist gegen verschiedene Pollen, gegen Steinobst, einige Nusssorten allergisch. Aber in Majas Fall liegt eine Kombination der unterschiedlichsten Allergene vor.
Präzise gesagt ist Maja gegen fast alle Lebensmittel allergisch, die unter den Begriff „gesunde Ernährung" fallen. Sie reagiert darauf binnen weniger Minuten mit einer starken Schwellung und Bläschenbildung in der Mundschleimhaut.
Diese Allergie besteht von Kindheit an und hat damals Majas Mutter mehr belastet als sie selbst. Maja konnte sehr gut auf den gesunden Apfel für die Schule verzichten und war auch nicht besonders böse, wenn beim Mittagessen das gesunde Gemüse auf ihrem Teller gänzlich fehlte.

Majas Mutter hatte mit ärztlicher Hilfe vieles ausprobiert, um diese ungewöhnliche Allergie in den Griff zu bekommen, aber es gab immer nur kurzfristige Verbesserungen. Desensibilisierung und entsprechende Medikamente brachten allesamt nur mäßigen Erfolg.

Jetzt ist Maja Anfang 20, sie hat ihr Studium aufgenommen, und es stört sie mehr und mehr, dass sie ein so völlig anderes Essverhalten hat als ihr gesamter Freundeskreis. Mittlerweile vermisst sie gesundes Obst und Gemüse sehr und würde zu gern wenigstens einige dieser Nahrungsmittel essen können.

Durch eine Kommilitonin erfährt Maja von einer alternativen Methode, Allergien durch Kenntnis der Ursache zu heilen, und sie möchte diesbezüglich einfach keine Möglichkeit auslassen.

So erklärt sie sich zu einer Rückführung bereit, und die Erkenntnis der allerersten Ursache für ihre umfangreiche Allergie ist im höchsten Maße erstaunlich.

Maja sieht sich selbst in einem Alter zwischen dem ersten und zweiten Lebensjahr. Sie kann für dieses Alter schon erstaunlich gut laufen, und sie ist ein ausgesprochen lebhaftes und fröhliches Kind

Maja wächst auf einem herrschaftlichen Gutshof in Schlesien auf und befindet sich in der Obhut ihrer Kinderfrau, die von Geburt an den Platz einer Amme bei ihr eingenommen hat. Die körperliche Konstitution von Majas Mutter hatte dies erforderlich gemacht. Also war eine warmherzige Frau aus der

Nachbarschaft in Dienst gestellt worden, die schon viele Kinder an ihrer Brust genährt hatte.
Zwischen Maja und ihrer Amme besteht ein sehr inniges und liebevolles Verhältnis, das Majas Mutter hin und wieder beinahe eifersüchtig beobachtet.

Genau wie in der heutigen Zeit wurde für die Kleinen püriertes Obst und gekochtes Gemüse zu Brei verarbeitet und nach und nach zum Trinken an der Brust der Amme hinzugefüttert.
Bei Maja wird dieser Versuch bereits seit einem knappen Jahr mal mehr, mal weniger erfolgreich unternommen. Auch in diesem Augenblick versucht die Amme wieder mit allen möglichen Tricks und Ablenkungsmanövern, Maja davon zu überzeugen, einen Löffel von dem gesunden Gemüsebrei anzunehmen. Wie üblich weigert sich Maja standhaft und windet sich protestierend auf dem Schoß ihrer Kinderfrau, die daraufhin Maja seufzend auf den Boden stellt.
Maja läuft auf die Terrasse hinaus und ist sofort wieder fröhlich. Eigentlich müsste sie extrem hungrig sein, da sie zwar am frühen Morgen beide Brüste ihrer Amme leer getrunken hatte, aber seitdem nichts mehr zu sich nehmen wollte. Normalerweise werden Kinder in diesem Alter nur noch in Notfällen an der Brust gestillt, aber Maja schafft es immer wieder, diesen Notfall heraufzubeschwören, da man ansonsten Angst haben muss, sie könne schlichtweg verhungern.
Die Kinderfrau läuft mit dem Teller und dem Löffel in der Hand hinter Maja her. Während Maja zwei Fohlen auf der gegenüberliegenden Wiese beobachtet, die versuchen, sich gegenseitig die Mähne zu

beknabbern, nutzt ihre Kinderfrau diese Ablenkung und schafft es, wenigstens einen Löffel voll in Majas Mund zu schieben.
Es gibt Tage, an denen sie auf diese Weise zumindest eine kleine Portion Obst- oder Gemüsebrei an Maja verfüttern kann. Aber in den meisten Fällen läuft das ganze Unterfangen darauf hinaus, dass Maja wieder auf den Schoß ihrer Amme klettert und so lange an den großen und warmen Brüsten saugt, bis sie gesättigt und zufrieden einschläft.

Diesen Moment kann Maja jetzt noch einmal ganz deutlich nachempfinden, und die Gefühle, die sie dabei verspürt, gehen über die Befriedigung der Nahrungsaufnahme weit hinaus.
Das Saugen und die Wärme und Berührung der Brüste lösen bei Maja ein Gefühl des Urvertrauens aus. Sie fühlt sich absolut sicher, geborgen, beschützt und geliebt. Alle Sehnsüchte, die in ihrer kleinen Kinderseele regelmäßig auftauchen, werden in solchen Momenten vollkommen gestillt.
Beim Trinken an der Brust ihrer Amme fühlt sich Maja aus tiefstem Herzen einfach nur glücklich, und sie möchte diese Momente nicht missen, auch wenn sie nun älter wird.
Ihre Seele hat natürlich längst erkannt, dass die Momente an der geliebten Brust eingeschränkt werden oder komplett aufhören, wenn sie bereit ist, andere Nahrung zu sich zu nehmen. Aus diesem Grund versucht Maja, das Breiessen so oft wie möglich zu vermeiden, um das Glücksgefühl an der Brust ihrer Kinderfrau auch weiterhin genießen zu können.

Majas Unterbewusstsein hat bereits im zarten Alter von eineinhalb Jahren einen folgenschweren Glaubenssatz geprägt:
Wenn ich feste und gesunde Nahrung (Obst, Gemüse) zu mir nehme, dann muss ich mich von dem höchsten Glücksgefühl trennen, das ich kenne: von Liebe, Nähe, Wärme und Geborgenheit.

Diese Verknüpfung blieb im Unterbewusstsein fest verankert, sodass Maja in späteren Jahren eine heftige Allergie gegen die Aufnahme dieser Lebensmittel entwickelt hat. Es ist verständlich, dass die Schulmedizin in Unkenntnis dieser Tatsache keinerlei Möglichkeit gefunden hat, diese umfangreiche Allergie in den Griff zu bekommen.
Nun gibt es natürlich unendlich viele Möglichkeiten, die eine Allergie in unserem Leben auftauchen lassen, aber häufig ist auf dem alternativen Weg der Ursachenforschung die Verknüpfung zu der Emotion Ablehnung klar erkennbar.
Majas Unterbewusstsein musste begreifen, dass keinerlei Zusammenhang zwischen der Nahrungsaufnahme und einem Verlust von Liebe und Geborgenheit besteht.
Mithilfe von mentalem Training und Affirmationen war Maja in der Lage, diese Blockade wieder zu lösen. Schritt für Schritt und mit sehr kleinen Mengen konnte sie ihren Körper an die Aufnahme von Obst und Gemüse gewöhnen, ohne eine allergische Reaktion wahrzunehmen.

Heute liebt es Maja, sich gesund und abwechslungsreich zu ernähren, und in einer glücklichen

Partnerschaft genießt sie außerdem das Gefühl von Liebe, Nähe, Wärme und Geborgenheit.

Gesundheit

16. Angststörung – Phobie

Unter Angststörungen bis hin zur Phobie leiden gerade in der heutigen Zeit besonders viele Menschen. Nicht alle begeben sich damit in ärztliche Behandlung, sodass die Dunkelziffer dieser psychischen Erkrankungen wohl recht hoch sein dürfte.

In unserem letzten Fall möchte ich über eine Frau mittleren Alters berichten, deren Phobie nicht eindeutig zu benennen ist, da sie sich in ähnlichen Situationen unterschiedlich äußert.
Nach dem plötzlichen Unfalltod ihres Mannes, vor ungefähr fünf Jahren, hatte es mit einer Angststörung begonnen, die sich sehr schnell in eine ernstzunehmende Phobie umgewandelt hat.
Meike, eine offene und selbstbewusste Frau in den besten Jahren, hat sich mit folgendem Problem an mich gewandt:

Kurz nach dem Tod ihres Mannes bekam sie das erste Mal in ihrem Leben eine Angstattacke im Fahrstuhl eines Kaufhauses. Es waren nur vier Stockwerke, bis Meike wieder aussteigen wollte, aber mit dem Schließen der Fahrstuhltüren wurde ihr extrem schwindelig, sie empfand heftige Herzschmerzen und eine beängstigende Atemnot.

Da Meike bisher in keiner ähnlichen Situation jemals unter Klaustrophobie gelitten hatte, war sie sehr erschrocken und befürchtete einen beginnenden Herzinfarkt. Sie setzte sich auf einen Stuhl, ließ sich ein Glas Wasser bringen, lehnte aber das Anrufen eines Notarztes ab, da sie sich sehr schnell wieder erholte und die Beschwerden genauso plötzlich wieder aufhörten, wie sie gekommen waren.
Dennoch vereinbarte Meike am nächsten Tag einen Arzttermin, um sich gründlich untersuchen zu lassen. Der Arzt konnte keinerlei organische Ursache für ihren Anfall entdecken und beruhigte Meike mit der Erklärung, dass ihre psychische Belastung durch den plötzlichen Tod ihres Mannes wahrscheinlich eine solche Angstattacke ausgelöst habe.

Meike benutzte indes über einen längeren Zeitraum keine Fahrstühle, denn der Schock jener beängstigenden Erfahrung blieb in ihrem Unterbewusstsein noch fest verankert.

Einige Zeit später besuchte Meike ihre Schwester und nahm für die längere Anfahrt nicht das Auto, sondern den Zug. Es handelte sich um einen modernen ICE, in dem auch die Toiletten mit entsprechend moderner Technik ausgestattet waren: Auf Knopfdruck verschlossen und öffneten sich die Türen.

Kaum hatte sich die Tür hinter Meike geschlossen, war sie einer noch heftigeren Angstattacke als im Fahrstuhl ausgesetzt. Ohne die Toilette benutzt zu haben, drückte sie sofort den Knopf zum Öffnen, der, aus welchem Grund auch immer, nicht sofort reagierte. Meike wurde vollkommen panisch, bekam keine Luft mehr und trommelte mit den Fäusten gegen die Metallwand. Im selben Augenblick wurde ihr jedoch klar, dass dies womöglich auf dem Gang gar nicht gehört wurde.

Mehr durch Zufall hat Meike irgendwann einen Notknopf betätigt, der die Tür zumindest für einen größeren Spalt geöffnet hat, durch den Meike sich aus ihrem „Gefängnis" befreien konnte. Sie brach noch auf dem Gang zusammen und musste später notärztlich versorgt werden. Meike hatte ganz offensichtlich urplötzlich eine schwere Klaustrophobie entwickelt.

Unter psychologischer Betreuung und Begleitung wurde sie ganz behutsam immer wieder ähnlichen Situationen ausgesetzt, und dabei zeigte sich eine ungewöhnliche Besonderheit.

Nach einiger Zeit hatte Meike keinerlei Probleme mehr mit dem „Einsperren", sobald sich auch nur eine andere Person mit ihr im selben Raum befand. Das musste nicht einmal der Psychologe sein, es konnte sich dabei auch um einen wildfremden Menschen handeln. Egal, wie eng der Raum war, ob sich die Türen automatisch schlossen. Nach einiger Zeit der Übung blieb Meike in solchen Situationen vollkommen entspannt.

Völlig anders war es, wenn Meike sich dieser Situation allein aussetzen musste: Dann verstärkten sich ihre Angstattacken sogar noch, sodass man alle weiteren Versuche zum Schutz ihrer Gesundheit abbrechen musste.

Nun hätte sich Meike mit diesem Zustand arrangieren können, indem sie Fahrstühle nur noch mit anderen Menschen zusammen benutzte, aber leider wurde sie trotz dieser Entscheidung von immer wiederkehrenden Albträumen mit diesem Thema gequält. Ihre Empfindungen in diesen Träumen waren so real und beängstigend, dass ihr ganzes Leben dadurch extrem beeinflusst wurde.

Wegen dieses inakzeptablen Zustands hat sich Meike eines Tages dazu entschlossen, der Ursache ihrer Phobie auf den Grund zu gehen.

Das Bild aus einem früheren Leben baut sich nur sehr langsam auf. Es ist die Zeit zwischen Morgen und Mittag. Deutlich ist eine bereits hoch am Himmel stehende Sonne und ein undefinierbares Flirren in der Luft wahrzunehmen. Ein sachter Wind, der tagsüber aus der Wüste herüberweht, macht das Leben der Menschen in dieser heißen Region erträglicher.

Die Geschichte ereignet sich in Ägypten weit vor Christi Geburt. In der Erinnerung erscheint ein riesiger Platz, der von prächtigen, hoch aufragenden Gebäuden umgeben ist. Zur rechten Hand führen fünf grauweiße, reich verzierte Steinsäulen in einen überdachten Gang, der seitlich von etlichen übergroßen, goldfarbenen Skulpturen von Tigern, Löwen und gehörnten Zweihufern umsäumt ist. Die Tierfiguren sind detailliert und dennoch artfremd dargestellt. Sie besitzen alle ganz besondere Merkmale, wie sie in der Natur nicht vorkommen.

Dieser Gang führt zum Tempelvorhof, der wiederum in den Haupttempel übergeht. Den Haupttempel dürfen nur die höchsten Priester betreten, während die für die Öffentlichkeit bestimmten Riten und Zeremonien auf dem Tempelvorhof abgehalten werden.
An diesem Vormittag haben sich Tausende von Einwohnern auf dem Hauptplatz eingefunden, um ihrem verehrten und geliebten Pharao das letzte Geleit zu geben.

Während das Volk sich in der Mitte und linksseitig vom Hauptplatz zusammendrängt, haben sich die Mitglieder des Hofstaates vor dem Säulengang versammelt. Sie tragen um ihre langen weißen Gewänder eine Art goldene Kordel, an deren Enden jeweils das Symbol einer Sonne und eines Mondes befestigt sind. Diese Bekleidung wird nur zu ganz bestimmten Zeremonien und von besonderen Würdenträgern des Pharaos angelegt.
Die Männer, Frauen und Kinder aus dem gemeinen Volk sind unruhig und verzweifelt. Sie stoßen immer wieder Klagelaute aus, die in der Verbindung zueinander wie ein herzzerreißendes Trauerlied klingen. Neben der Trauer ist bei ihnen deutlich ein Gefühl der Angst zu spüren. Angst vor einer gravierenden Veränderung, Angst vor der Zukunft.
Die Untertanen des Herrschers auf der rechten Seite des Platzes versuchen, eine würdevolle und gefasste Haltung zu bewahren. Ihre Gesichter wirken eher versteinert als voller Trauer, und es sieht beinahe so aus, als wäre das Zeigen von Traurigkeit oder gar Tränen bei Androhung einer Strafe strengstens verboten.

Inmitten dieser Gruppe befindet sich Arsinoe in einer Art Sänfte sitzend. Diese Sänfte ist aus purem Gold und von einem mit Edelsteinen verzierten Baldachin überdacht. Acht hochgewachsene Männer mit einer spitzen, silbrigen Kopfbedeckung tragen die Sänfte den Säulengang entlang. Die anderen Untertanen folgen in größerem, respektvollen Abstand.

Meike erkennt sich selbst im Antlitz von Arsinoe wieder. Sie ist die junge Frau des Pharaos.

Ganz offensichtlich trauert das Volk nicht nur über den Verlust seines Herrschers, sondern auch um das Schicksal von Meike-Arsinoe, dem sie jetzt gemäß der religiösen Tradition ausgesetzt ist.
Der Körper des Pharao ist auf seine Bestattung in der prächtigen, mit großen Reichtümern ausgestatteten unterirdischen Grabkammer schon viele Tage vorbereitet worden. Er ist aufgebahrt in einem Raum des Tempels, und speziell geschulte Priester haben bereits über mehrere Tage strenge Reinigungs- und Balsamierungsriten vollzogen.
Heute ist der Tag, an dem der tote Herrscher in die Königs-Grabkammer gebracht und seine Reise in eine andere Welt antreten wird. Es ist der Tag, an dem sein Volk endgültig Abschied nimmt, und es ist jener Tag, an dem Arsinoes Schicksal besiegelt wird.
Sehr lange war sie darauf vorbereitet worden, ihrem Mann und geliebten Herrscher zu folgen, falls er eher als sie selbst durch den Boten des Todes vom Leben getrennt würde. Sie hatte verinnerlicht, dass es eine große Gunst bedeute, dem Pharao, mit dem

sie in tiefer Liebe verbunden ist, in den Tod zu folgen und ihn auf seiner Reise zu begleiten.

Dass die religiöse Tradition von ihr forderte, lebendig neben dem Herrscher begraben zu werden, hatte Arsinoe erfolgreich verdrängt. Sie wusste, dass es direkt neben der Grabkammer ihres Mannes eine kleinere Nebenkammer für sie gab. Sie hatte nie gewagt zu fragen, ob die Frau ebenfalls in einen Sarg gelegt würde, der dann von außen fest verriegelt würde. Sie hatte auch nicht gefragt, ob die Frau vielleicht in einen Rauschzustand versetzt würde, der ihr die entsetzlichen Todesängste, das Alleinsein in ihrer letzten Stunde und die Qualen erleichtern könnte.

Während Arsinoe in der Sänfte in Richtung Grabkammer getragen wird, steigt in ihrem Herzen eine atemlose, nicht zu beschreibende Panik auf. Das Wissen um die Macht- und Hoffnungslosigkeit, sich dieser furchtbaren Erfahrung nicht entziehen zu können, lässt sie in eine gnadenvolle Umnachtung fallen, mit dem Wissen, dass ihr diese kurzfristige Ohnmacht das grauenvolle Ende ihres Lebens nicht erspart hatte.

Meike erwacht aus der erinnerten Ohnmacht und kommt langsam zurück in das schützende und lichtvolle Hier und Jetzt.
Sie benötigt eine ganze Weile, um sich in der Gegenwart wieder zurechtzufinden und um zu realisieren, dass jene eben angeschauten Erfahrungen und Gefühle mit den konkreten Ängsten ihres jetzigen Lebens in engem Zusammenhang stehen.

Die Empfindung des völligen Alleinseins in einem engen Raum, der sich schließt und von innen nicht mehr zu öffnen ist, dieses absolut traumatische Gefühl erinnert sie noch hin und wieder an diese alte, karmische Erfahrung.
Es entspricht Meikes Wunsch und ist aus therapeutischer Sicht zu begrüßen, dass sie sich ähnlichen Situationen nur noch im Schutz einer Gruppe aussetzen möchte. Man könnte ihre Klaustrophobie weiterhin energetisch behandeln und versuchen zu heilen, aber es erscheint Meike nicht lebensnotwendig, unbedingt allein einen Fahrstuhl benutzen zu können.

Meikes größte Angst und Panik rührten daher, dass sie keinerlei Anhaltspunkte hatte, aus welchem Grund diese Angstattacken bei ihr aufgetaucht sind. Mit dieser Kenntnis wäre es durchaus möglich, eine ähnliche Situation auch allein zu meistern. Aber warum sollte sich Meike überhaupt noch diesem psychischen Stress aussetzen, wenn die Situation in einer Gruppe die Erinnerung gar nicht mehr aufkommen lässt und sie so in der Lage ist, vollkommen entspannt zu bleiben?

Schlusswort

Es würde mich freuen, wenn Ihnen die kleine Auswahl von großen und weniger großen Dramen und deren nicht alltäglichen Ursachen einen deutlichen Denkanstoß geben konnte.
Einen Denkanstoß, der vielleicht zur Folge hat, dass Sie diese Dramen oder unerfreulichen Situationen in allen Teilbereichen Ihres Lebens einmal aus einem völlig anderen Blickwinkel betrachten.

Der wichtigste Aspekt, der sich daraus ergibt, ist die Erkenntnis, dass wir keine Opfer sind. Auf irgendeine Weise sind wir SELBST ursächlich in jedes Drama eingebunden.
An einer Ursache beteiligt zu sein, bedeutet noch lange nicht, dass wir diesbezüglich eine Schuld tragen. Dem Wort „Schuld" wurde leider immer schon eine ganz besondere Bedeutung beigemessen.
Egal, was passiert, um welches Missgeschick es sich handelt, welch widrige Umstände zu einer negativen Auswirkung führen – die Menschen suchen immer einen Schuldigen.

Die Bezeichnung „schuldig" ergibt für mich nur dann einen Sinn, wenn ein Mensch vorsätzlich und in voller Bewusstheit seinen Mitmenschen, den Tieren, der Natur Schaden zufügt.
Selbstverständlich kann auch hier eine karmische Ursache zugrunde liegen. Vielleicht wurde dieser Mensch in früheren Leben häufig ausgebeutet, betrogen und respektlos behandelt. Ein Gefühl, sich dafür rächen zu müssen, kann dann in diesem Le-

ben jenen Menschen tatsächlich zu einem Schuldigen machen.
Es gibt dann zwar eine Ursache, einen Grund für die Verfehlung, aber einen Grund zu haben, ist noch lange keine Rechtfertigung für negatives Denken und Verhalten. Insbesondere bilden Gefühle wie Rache, Hass und Vergeltung absolut keine Rechtfertigung für bewusst respektloses, machtgieriges, zerstörerisches Handeln.

Zusammenfassend sollten wir stets einige wichtige Erkenntnisse während unseres Lebensweges beachten:

Wir SELBST sind die Schöpfer unserer Gedanken und damit auch unserer Gefühle.

Wir SELBST ziehen über unsere Gedanken und Gefühle ganz besondere Geschehnisse, unsere eigene Realität in unser Leben.
Was wir denken und fühlen, das spiegelt unser Umfeld wieder.

Wir SELBST sind immer auf eine direkte, aber meist unbewusste Weise in hohem Maße für unser Schicksal mit verantwortlich.

Wir SELBST haben es in der Hand, nach den wirklichen Ursachen von unangenehmen, uns selbst betreffenden Lebensumständen zu forschen.

Wir SELBST haben nach Kenntnis dieser Ursache die Möglichkeit, unsere Sichtweise, unsere Glaubensmuster, unsere Gedankenenergie zu verändern.

Wir SELBST können die Entscheidung treffen, ob wir uns für diese Erkenntnisse öffnen und ihnen vor allen Dingen vertrauen wollen.

ERKENNTNIS, VERTRAUEN und VERÄNDERUNG bilden so die Grundpfeiler für ein neues, positiveres Leben durch:

SELBSTVERWIRKLICHUNG
SELBSTBESTIMMUNG
SELBSTBEFREIUNG
SELBSTFINDUNG

Es ist sicherlich kein Zufall, dass die Basis unseres eigenen SELBST sich über die Selbstfindung bis hin zur Selbstverwirklichung auf diese Weise kontinuierlich ausdehnt.

Schicksalsfäden
faszinierende Erkenntnisse verändern dein Leben

Angela Weiser

Das Labyrinth

Das Labyrinth ist ein Symbol für den karmischen Kreislauf und den Weg nach innen. Es besitzt nur einen einzigen, verschlungenen Pfad. Dieser führt vom Startpunkt zum Ziel auf möglichst großer Strecke.